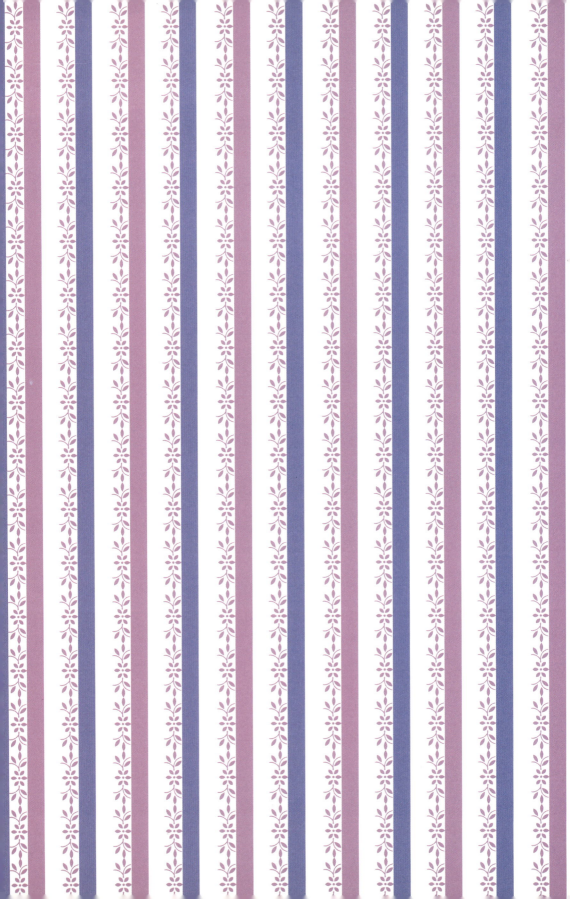

国家社会科学基金项目（项目编号：12CTQ018）研究成果

白族口承文艺非遗
信息资源建设研究

王　晋　黄体杨　舒宝淇　等 ◎ 著

社会科学文献出版社
SOCIAL SCIENCES ACADEMIC PRESS (CHINA)

目 录

图表目录

第一章

绪　论

第一节　研究背景

非物质文化遗产（以下简称"非遗"）是世界遗产的重要组成部分，它记载和传承一个国家和民族的历史文化，是人类文化"活的记忆"。2003 年联合国教科文组织通过的《保护非物质文化遗产公约》中界定了"非物质文化遗产"的概念，自此掀起了全世界非遗保护的热潮。当前，世界各国都非常重视非遗保护工作，纷纷出台相关法律、政策和措施，强化对非遗的保护和传承。从 20 世纪 50 年代日本提出"无形文化财"的概念开始，世界范围内非遗研究开始起步，尤其是进入 21 世纪以后，关于非遗的研究成果增长速度明显加快。

中华民族拥有璀璨的历史文化遗产，但开展系统全面的非遗保护工作也只有十几年的时间。我国 2004 年 8 月 28 日正式加入《保护非物质文化遗产公约》，2005 年 3 月 26 日国务院办公厅制发的《国务院办公厅关于加强我国非物质文化遗产保护工作的意见》成为我国非遗保护的主要政策依据。① 《中华人民共和国非物质文化遗产法》于 2011 年 2 月 25 日通过公布，自 2011 年 6 月 1 日起施行，该法律的颁布和实施是我国文

---

① 周耀林等：《非物质文化遗产档案管理理论与实践》，武汉大学出版社，2013，第 2 ~ 3 页。

化领域的重要事项，这是中华人民共和国成立以后在文化领域颁布的第二部法律（此前只有《中华人民共和国文物保护法》），该法律奠定了我国非遗保护工作科学性、规范性和持久性开展的基础。[①] 这标志着我国的非遗保护已上升到法律层面。

我国自古以来就是多民族国家，56 个民族共同创造和发展了中华民族的灿烂文化。随着全球化、信息化、城市化进程的快速推进，少数民族文化受到了各种外来文化的强烈冲击，许多少数民族文化正在迅速消亡，因此少数民族非遗的保护和传承问题越来越受到社会各界的关注。在中央政府和各级相关部门积极推进少数民族非遗保护工作的同时，近年来学术界关于少数民族非遗保护的研究成果也不断涌现。国内非遗研究基本上兴起于 21 世纪初，虽然起步较晚但近年来成果卓著。如图 1 - 1 所示，笔者通过检索中国期刊网（CNKI）题名中包含非遗的期刊论文和学位论文，检索到的国内最早的研究非遗的学位论文发表于 2005 年，以后基本呈平稳发展状态，而期刊论文方面也基本上是于 2005 年开始呈加速增长态势，2011年以后进入稳定发展状态，每年保持 1000 篇以上的发文量。在著作方面，通过检索读秀数据库，笔者发现我国 2003 年开始出版非遗研究的相关著作，且大多是一些非遗的会议文集、名录介绍和申报指南等，直到 2006 年以后才开始大量出版非遗的学术研究著作。就课题立项而言，随着非遗成为社会各界关注的焦点，非遗学术研究也获得了各级各类研究基金的资助。从国家社科基金层面来看，非遗研究获国家社科基金立项最早始于2004 年，如图 1 - 2 所示，自 2011 年以后非遗研究获国家社科基金立项的数量出现爆发式增长，尤其是 2012 年立项 24 项，此后还出现了一批重点项目和重大项目，可见非遗研究越来越受到国家层面的高度重视，越来越多的非遗研究获得国家社科基金立项，这大大地推动了我国非遗研究的全面深入开展，同时也使得非遗研究从单一的基本概念界定和项目介绍逐步细化为多领域、多视角、跨学科的研究，并逐渐成为各学科学术研究的热点问题。

---

① 王文章：《非物质文化遗产保护研究》，文化艺术出版社，2009，第 2 页。

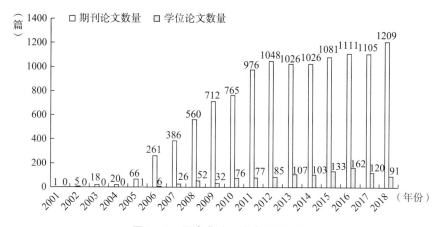

图 1-1 国内非遗研究发文量统计

资料来源：中国期刊网。

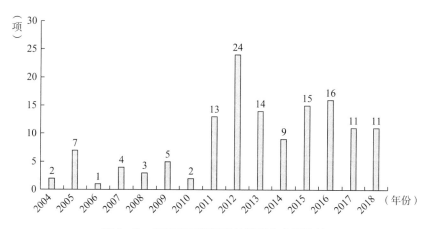

图 1-2 非遗研究获国家社科基金立项统计

资料来源：国家社科基金项目数据库。

本研究正是在学术界广泛研究少数民族非遗的热潮中展开的，研究过程中笔者多次深入白族地区对大本曲、吹吹腔、白剧等非遗项目进行深入的调查研究，先后拜访了多位非遗传承人，走访了多地的文广局、非遗中心、文化馆、图书馆、档案馆、博物馆等机构，对典型非遗项目、代表性传承人进行调查，较为系统地了解了基本状况，收集了一定数量的与大本曲、吹吹腔、白剧等非遗相关的政策文件、申报资料、传承人剧本（曲谱）、表演视频、传承人访谈录音等宝贵资料。通过文献收集和田野调查研究，笔者深刻体会到这些非遗项目及传承人的生存和发展面临的种种困难，尤其是许多传承人年事已高，而年轻人中又少有人愿意继承。另外，大本曲、吹吹腔、白剧作为表演艺术形式需要有深厚的群众基础和繁荣的表演市场才能发展和传承，而目前无论是群众基础还是表演市场的现实状况都不容乐观。总之，大本曲、吹吹腔、白剧等非遗的发展和传承面临困境与危机，加强其保护与传承工作刻不容缓。

针对非遗的保护和传承问题，近年来各级地方政府在国家非遗法框架下，推出了相关政策措施，尝试通过多种手段加强非遗的保护和传承工作，获得了一定的成效，但仍存在很多问题和矛盾有待进一步解决。学术研究领域多从民族学、社会学、艺术研究等角度入手，对大本曲、吹吹腔、白剧的艺术表演形式开展研究，主要研究其文学艺术价值和社会价值。笔者着力从信息资源视角审视白族口承文艺非遗的保护问题，重点关注白族口承文艺非遗的信息资源建设和协同保障机制问题。本书以《中华人民共和国非物质文化遗产法》为法律依据，以信息资源建设基本理论和非遗相关理论为理论基础，对白族口承文艺非遗进行系统深入的研究，以期能对白族口承文艺非遗的信息资源建设和协同保障机制问题提出具有一定可行性的对策建议和具体措施。

第二节　概念界定

本书涉及的相关概念主要包括三个方面：一是非遗；二是白族口承文艺非遗；三是非遗信息资源。开展研究之初应对这些概念、术语和提法进行必要的解释和界定，从而明确研究对象、研究范围和研究内容。

一　非遗

"非物质文化遗产"作为一个学术术语，是20世纪80年代才出现的一个新概念，此概念最早可追溯到日本在1950年颁布的《文化财保护法》，该法案第一次提出了"无形文化财"的概念。学术界一般认为"无形文化财"的概念是"非物质文化遗产"概念的主要渊源之一，并且在内涵、外延上与"非物质文化遗产"概念基本一致。① 2003 年联合国教科文组织通过的《保护非物质文化遗产公约》对"非物质文化遗产"的概念进行了正式界定，即指被各社区、群体，有时是个人，视为其文化遗产组成部分的各种社会实践、观念表述、表现形式、知识、技能以及相关的工具、实物、手工艺品和文化场所。各个群体和团体随着其所处环境与自然界的相互关系和历史条件的变化不断使这种代代相传的非遗得到创新，同时使他们具有一种认同感和历史感，从而促进了文化多样性和人类创造力的产生。② 2004 年 8 月我国正式加入《保护非物质文化遗产公约》并通过了《全国人民代表大会常务委员会关于批准〈保护非物质文化遗产公约〉的决定》，从此开启了我国非遗保护的政策历程，此后我国政府制发了一系列政策文件推进我国非遗保护工作。2011 年 2 月 25 日通过的《中华人民共和国非物质文化遗产法》规定："非物质文化遗产，是指各族人民世代相传并视为其文化遗产组成部分的各种传统文化表现形式，以及与传统文化表现形式相关的实物和场所。包括：（一）传统口头文学以及作为其载体的语言；（二）传统美术、书法、音乐、舞蹈、戏剧、曲艺和杂技；（三）传统技艺、医药和历法；（四）传统礼仪、节庆等民俗；（五）传统体育和游艺；（六）其他非物质文化遗产。"③ 目前无论是法律政策层面还是学术研究领域，对非遗的概念基本已达成共识，较少有学术争议和概念不明晰的问题，因此本书也将在《中华人民共和国非物质文化遗产法》的法律框架下展开学术研究。

二 白族口承文艺非遗

白族是云南的土著民族之一，经过历史变迁和人口迁移现在主要分布在云南、贵州、湖南等省份，其中云南省的白族人口最多，主要居住在云南省大理白族自治州。白族是一个历史悠久、文化灿烂、非遗资源丰富的民族。白族的民间曲艺和民间戏剧形式多样、内容丰富，长期以来通过艺

---

① 王文章主编《非物质文化遗产概论》（修订版），教育科学出版社，2013，第 3 页。
② 周耀林等：《非物质文化遗产档案管理理论与实践》，武汉大学出版社，2013，第 2 页。
③ 《中华人民共和国非物质文化遗产法》，《中华人民共和国全国人民代表大会常务委员会公报》2011 年第 2 期。

人的口头传承和现场表演流传于白族地区，其中大本曲、吹吹腔和白剧是流传最广的三种艺术形式。

大本曲是白族地区历史最为悠久、流传最广的民间曲艺形式，是白族特有的一种民间曲艺形式。大本曲，又名本子曲，意思是"一大本的曲子"①。一般认为"曲"就是汉语所说的"曲艺"。大本曲历史悠久，表现形式多样，深受白族人民喜爱，白族民谚云："不放盐巴的菜肴吃不成，不唱大本曲的日子过不成。"② 大本曲至今仍在白族人民的生产生活中有重要影响，白族人民每逢春节、火把节、本主节、中元节等传统节日，或遇家中办喜事、过生日、盖新房等重要事情，都要请大本曲民间艺人来演唱。近年来随着国内外非遗保护工作的广泛深入开展，大本曲作为一种非遗，其社会价值、艺术价值和学术研究价值越来越受到社会各界的关注。2006 年大理市被认定为"白族大本曲之乡"，列入云南省第一批非遗保护名录；2011 年白族大本曲被列入大理白族自治州州级非遗保护名录。

吹吹腔又名"吹腔"，俗称"板凳戏"，是流行于云南省云龙、鹤庆、剑川、大理、洱源等地的白族传统戏剧，具有悠久历史和鲜明的艺术风格。吹吹腔是云南最古老的戏曲剧种之一，如今依然是白族人民喜闻乐见的剧种，尤其是在大理州的云龙地区仍然很兴盛，每逢节庆或遇家中办喜事、过生日、盖新房都常演吹吹腔。2006 年 3 月，云龙县作为"吹吹腔艺术之乡"被列入云南省第一批非遗保护名录。2008 年，云龙县被文化部命名为"中国吹吹腔艺术之乡"。

白剧是流行于云南省大理地区的少数民族剧种，以吹吹腔、大本曲两大声腔作为音乐主体，并吸收了其他白族民间音乐作补充。1962 年随着大理白族自治州白剧团的成立正式定名为"白剧"。白剧团曾被文化部命名为中国少数民族剧种"天下第一团"，并多次受到中央领导人接见。2008年白剧被列入第二批国家级非物质文化遗产名录。如今白剧与吹吹腔、大本曲并存发展，同为白族人民喜闻乐见的民族文化艺术形式，白剧以舞台艺术表演为主，大本曲和吹吹腔主要发展民间艺术表演。

---

① 董秀团：《白族大本曲研究》，中国社会科学出版社，2011，第 1 页。
② 董秀团：《白族大本曲研究》，中国社会科学出版社，2011，第 1 页。

大本曲、吹吹腔和白剧三种艺术形式在历史渊源、唱腔音乐、剧本剧目、舞台表演等方面有着紧密的联系，如今都是白族人民喜闻乐见的艺术形式。本书主要从非遗视角研究大本曲、吹吹腔和白剧三种艺术形式，鉴于三者之间的有机联系，有必要对其进行统一的概念界定。在已有的文献资源中并未对三种艺术形式进行统一的命名和概念界定，可供参考的主要是董秀团的论文《少数民族民间口承文艺资源的保护及发展——以白族大本曲为例》，文中提出了"少数民族民间口承文艺资源"这一概念，文中将大本曲作为白族民间口承文艺资源的代表，认为大本曲主要是通过艺人的口头传承和现场表演流传于白族地区，虽然在民间流传着许多大本曲的曲本，但是口头传承和现场展演的形式更突出，是存活在口头的艺术形式。[1] 受该观点的启发，笔者认为吹吹腔、白剧和大本曲一样也具有口头传承和现场展演的共性，同样都是白族传统艺术形式，也都被认定为非遗保护项目，因此本书将研究对象大本曲、吹吹腔、白剧统称为白族口承文艺非遗。

三 非遗信息资源建设

探讨非遗信息资源建设的概念，必然要提及信息资源的概念，关于信息资源的概念，已有众多学者对其进行了阐述，虽然不同学者的观点各有侧重，但对信息资源概念的核心要素基本达成一致观点，达成共识的有三点：一是信息资源是人类加工的可以存取和能够满足人类利用需求的资源；二是信息资源是经过采集、组织和开发利用的信息资源体系；三是信息资源是各种媒介信息的集合。信息资源的形成必然伴随着信息资源建设的过程，信息资源建设就是人类对处于无序状态的各种媒介信息进行选择、采集、组织和开发等活动，使之成为可资利用的信息资源体系的全过程。[2]

随着全社会非遗保护意识的不断增强，与非遗相关的各种信息资源也在快速增加，非遗信息资源的学术研究也正在受到越来越多的关注。目前

---

[1] 董秀团：《少数民族民间口承文艺资源的保护及发展——以白族大本曲为例》，《民族艺术研究》2005 年第 6 期。

[2] 肖希明主编《信息资源建设》，武汉大学出版社，2008，第 5 页。

非遗信息资源的相关研究中并未对非遗信息资源的概念进行专门探讨，也并未形成一致的概念界定，已开展的相关研究重点是探讨非遗信息资源的建设工作，一些学者提及非遗信息资源的形成与非遗的关系问题。李珊珊等认为，非遗信息资源的档案式管理是利用拍照、录音、录像等记录方法，将活态的非遗固化至一定的载体上，形成了非遗信息资源。[①] 李波认为与非遗有关的信息资源既是非遗展现和继承的媒介与载体，又是非遗发展与传承的产物。[②] 可以看出，学者们普遍认为非遗信息资源是活态非遗的固化和记录，是保护、传承和发展非遗的重要媒介与载体。参照信息资源建设的概念，笔者认为非遗信息资源建设是人类对无序的各类非遗信息进行采集、组织、开发利用等活动，将活态的非遗固化至一定的载体上，形成可资利用的非遗信息资源体系的全过程。

第三节　文献综述

笔者借助于 SpringerLink 数据库、维普数据库、读秀数据库、万方数据库、中国期刊网（CNKI）等平台进行文献调查，主要从大本曲、吹吹腔、白剧、非遗、非遗信息资源的相关研究五个方面展开文献综述。

一　大本曲相关研究

通过全面的文献调查，并系统阅读著作、期刊论文和学位论文，可以了解目前白族大本曲研究的现状，总体来看关于大本曲的文献数量并不多。通过多方收集，笔者了解到的大本曲相关研究著作主要有：徐嘉瑞的《大理古代文化史稿》、张文勋的《白族文学史》、禾雨记译的《云南民间音乐——大本曲音乐》（以下简称《大本曲音乐》）、大理白族自治州文化局编的《白族大本曲音乐》、大理市文联和文化局以及文化馆共同编写的《白族大本曲音乐》、大理州文化局编的《白剧资料集》、薛子言主编的

---

① 李珊珊、周耀林、戴旸：《非物质文化遗产信息资源档案式管理的瓶颈与突破》，《信息资源管理学报》2011 第 3 期。
② 李波：《非物质文化遗产信息资源描述模型探析》，《四川理工学院学报》（社会科学版）2011 年第 3 期。

《白剧志》、李晴海主编的《白族歌手杨汉与大本曲艺术——杨汉先生诞辰105周年纪念文集》、杨政业主编的《大本曲简志》、大理市文化局和大理市文化馆以及大理市图书馆共同编写的《大本曲览胜》、董秀团的《白族大本曲研究》。这些著作中一些早期的珍贵文献已经很难获得，笔者收集到的一些早期著作都是在旧书网购得的。期刊论文和学位论文总体数量也较少，笔者检索了中国期刊网（CNKI）发现大本曲研究的相关论文基本上是20世纪80年代才开始出现的，从1981年底至2018年初，36年间仅有36篇相关文献，平均每年1篇，可见虽然大本曲深受白族人民喜爱，有着深厚的群众基础，但关于大本曲的研究却明显不足。

纵观白族大本曲研究的相关著作、期刊论文和学位论文，研究内容主要关注大本曲的总体性研究、大本曲的音乐研究、大本曲的艺人研究、大本曲的保护和传承研究等四方面。

（一）大本曲的总体性研究

在总数本来就不多的白族大本曲研究文献中，关于大本曲的系统性的研究就更屈指可数，大本曲研究大概始于20世纪40年代，徐嘉瑞被认为是大本曲研究的开创者，他对大本曲的起源和格式问题进行了开创性的探讨，将大本曲的起源上溯到最晚是唐代。[①] 张文勋认为大本曲的起源时间在明朝是比较可靠的论断，另外其还对大本曲的特点、唱腔、乐器、表演、曲本、艺人等问题进行了详细的描述和分析。[②] 杨政业主编的《大本曲简志》被认为是大本曲的第一本志书，书中系统全面地论述了大本曲的历史、源流、传承、创新、曲目、音乐、风俗等方面的内容。[③] 董秀团所著《白族大本曲研究》是目前最新的一部全面系统介绍和论述大本曲历史源流、曲目、艺人现状等的专著，书中将大本曲的研究划分为三个阶段：第一阶段是20世纪40年代至"文革"前，这一阶段为大本曲研究的起步阶段；第二阶段是"文革"结束后到20世纪90年代，在这一阶段大本曲研究取得了较大的进展；第三阶段是21世纪以来，在这一阶段大本曲研究

---

① 徐嘉瑞：《大理古代文化史稿》，中华书局，1978，第393～394页。

② 张文勋主编《白族文学史》（修订版），云南人民出版社，1983，第313～319页。

③ 杨政业主编《大本曲简志》，云南民族出版社，2003，第9～158页。

出现了新局面，开始向纵深发展。① 笔者认为这种阶段划分比较科学合理，仅从文献数量来看，文献调查结果表明相关研究文献的刊文时间也基本集中分布在这三个时间段。另外董秀团还创新性地以大本曲为中心，将大本曲、社会、艺人和民众作为四要素构建了大本曲文化系统模型，研究颇有深度。此外还有一些论文从不同角度对白族大本曲进行研究，如赵橹探析了大本曲跟佛教文化的关系；② 黄永亮、杨玉春详细梳理了新中国成立后到 1985 年大本曲的发展历程；③ 董秀团提出作为社会环境的外因和作为民众需要的内因是影响大本曲生存、发展的两个重要因素，正是这两方面的共同作用决定了大本曲的兴衰和发展。④

（二）大本曲的音乐研究

关于大本曲的音乐研究主要关注大本曲的唱腔、曲本以及艺术发展，笔者收集到的这方面的研究论著的名称都是"大本曲音乐研究"，故笔者也借用这个提法，在此对大本曲音乐研究的代表性论著进行简述。

笔者收集到的正式出版的最早的关于大本曲音乐研究的论著当属 1958 年云南人民出版社出版的《大本曲音乐》⑤ 一书，该书所收音乐由大本曲著名民间艺人杨汉、黑明星、张李仁、赵玉珍弹唱，由禾雨记译，书中对民间艺人弹唱的大本曲的唱腔"三腔、九板、十八调"进行了真实记录，尽管现在来看记录的唱腔并不是十分完整，但这是目前所看到的正式出版的论著对大本曲唱腔的首次记录，其意义重大。另外，书中记录杨汉先生认为"三腔"主要指定弦中的中、高、低；而黑明星先生认为"三腔"指南腔、北腔、海东腔（所谓南北之分，主要是以大理古城为中心，古城以北的叫北腔，古城以南的叫南腔，海东指大理洱海的东边）。可见当时艺人对大本曲的音乐认识也有不同观点，经过几十年的学术讨论，现在一般都认为"三腔"指南腔、北腔、海东腔三种表演流派。20 世纪 50 年代末 60 年代初融合了大本曲的音乐形态和吹吹腔的戏曲表演产生了白剧（白剧

① 董秀团：《白族大本曲研究》，中国社会科学出版社，2011，第 3 ~ 12 页。
② 赵橹：《白族"大本曲"与佛教文化》，《民族文学研究》1992 年第 3 期。
③ 黄永亮、杨玉春：《建国以来大本曲艺术的新发展》，《云岭歌声》2000 年第 3 期。
④ 董秀团：《白族大本曲生存机制试论》，《云南艺术学院学报》2004 年第 1 期。
⑤ 禾雨记译《大本曲音乐》，云南人民出版社，1958，第 1 ~ 46 页。

2008 年被列入第二批国家级非遗名录）。此后受"文革"的影响，大本曲的音乐发展和学术研究基本停滞，直到 1986 年出于对大本曲的抢救性保护目的，才出现了更为详细的关于大本曲音乐的研究论著，笔者收集到的 1986 年出版的两本《白族大本曲音乐》：一本由云南民族出版社出版，由大理市文联、文化局、文化馆编，所收音乐由著名艺人杨汉、黑明星、赵玉珍、阿七义等弹唱，马泽斌等记译，书中更为全面地记录了大本曲的"三腔、九板、十八调"的唱腔；① 另外一本由云南人民出版社出版，由大理州文化局编，书中除了记录了大本曲的"三腔、九板、十八调"的唱腔以外，还记录一部分曲本，并进行了一定的学术探讨。2003 年作为大本曲的第一部志书，由杨政业主编的《大本曲简志》② 出版，该书在实地调查的基础上，记录和统计出大本曲曲目达到 148 本，其中现存唱本有 82 本，有曲目但唱本无存的有 66 本。2005 年大理市文化局、大理市文化馆、大理市图书馆共同编写的《大本曲览胜》③ 由云南民族出版社出版，该书收录了《大本曲艺术调查报告》和《祝英台吊孝》《蝴蝶泉》《辽东记》等曲目，笔者在访谈调研中发现赵丕鼎、张亚辉、赵冬梅等当今大本曲知名艺人都将这本书作为重要的参考资料经常研读，可见其参考价值之重要。董秀团所著的《白族大本曲研究》④ 一书对大本曲的唱腔都做了系统研究，尤其是在曲目方面，该书将《白族文学史》《大本曲简志》《云南省大理白族地区大本曲说唱故事考察报告》三本论著中记载的曲目一一对照，分析异同，甚为详尽，并且还将大本曲的曲目跟其他曲种的曲目进行了对比分析。此外还有一些论文对大本曲音乐进行了研究，如张绍奎深入分析了大本曲作为白剧的主要唱腔，在白剧表演中如何向戏曲声腔演变；⑤ 段寿桃也对大本曲的曲目数量和唱腔进行了考证和研究；⑥ 丁慧从风俗习惯、表演形式、唱腔曲牌和剧本内容等方面对大本曲的音乐特征进行了分析和

---

① 大理市文联、文化局、文化馆编《白族大本曲音乐》，云南民族出版社，1986，第 1 页。
② 杨政业主编《大本曲简志》，云南民族出版社，2003，第 32～37 页。
③ 大理市文化局、大理市文化馆、大理市图书馆编《大本曲览胜》，云南民族出版社，2005，第 20～306 页。
④ 董秀团：《白族大本曲研究》，中国社会科学出版社，2011，第 116～117 页。
⑤ 张绍奎：《略谈白剧中大本曲如何向戏曲声腔演变》，《民族艺术研究》1991 年第 2 期。
⑥ 段寿桃：《白族大本曲初探》，《西南民族学院学报》（哲学社会科学版）1990 年第 6 期。

探讨。①

（三）大本曲的艺人研究

在大本曲的产生和发展过程中，其表演、传承和传播都要依托艺人这一承袭主体，艺人在大本曲的流传中发挥着重要的作用，因此对大本曲的研究必须重点研究艺人。事实上我们看到的有关论著记录的大本曲的唱腔和曲本都是由大本曲艺人弹唱，由研究人员记译的，故前文中关于大本曲音乐研究的论著其实都涉及艺人研究。除此之外，还有一些专门研究艺人的论著，如李晴海主编的《白族歌手杨汉与大本曲艺术——杨汉先生诞辰105周年纪念文集》② 一书分为缅怀篇、评论篇、唱本篇、音乐篇四部分，全面系统地介绍了大本曲著名艺人杨汉的大本曲弹唱生涯、艺术实践经验以及他的具有代表性的大本曲南腔音乐作品。还有董秀团的《白族大本曲研究》③ 不仅对杨汉、黑明星、杨益、李明璋等老一辈艺人的从艺经历进行了介绍，还对赵丕鼎、刘沛、杨兴廷、李丽、杨振华、杨学智、董学飞、杨嘉元、王祥等现今大本曲舞台上的骨干艺人进行了全面介绍，并分析其传承方式、年龄结构、手中曲本情况等。此外还有一些介绍性、报道性的论文对艺人的研究有一定的借鉴价值，如董越对大本曲南腔第一人杨汉进行了介绍，还对他的儿子和孙子们继承大本曲的现状进行了介绍；④杨占祥、杨海胜对海东腔代表艺人李明璋的大本曲艺术生涯和代表作品进行了介绍；⑤ 赵芳、刘瑜澍介绍了采访大本曲北腔代表艺人赵丕鼎的情况，除了介绍赵丕鼎的从艺历史，还介绍了其作为国家级非遗传承人传授学员的情况和创作新曲目的情况；⑥ 陆薇介绍了采访海东腔传人杨振华的情况，并了解到目前大本曲出现了唱腔模糊的情况。⑦

① 丁慧：《云南白族大本曲的音乐特征》，《歌海》2009 年第 1 期。
② 李晴海主编《白族歌手杨汉与大本曲艺术——杨汉先生诞辰 105 周年纪念文集》，远方出版社，2000，第 1~280 页。
③ 董秀团：《白族大本曲研究》，中国社会科学出版社，2011，第 206~260 页。
④ 董越：《白族大本曲南腔第一人杨汉和他的后代》，《大理文化》2005 年第 5 期。
⑤ 杨占祥、杨海胜：《洱海之滨的艺苑奇葩——白族大本曲艺术家李明璋》，《大理文化》2005 年第 5 期。
⑥ 赵芳、刘瑜澍：《赵丕鼎："大本曲是我的全部"》，《今日民族》2013 年第 12 期。
⑦ 陆薇：《隔海相望大本曲——记海东腔传人杨振华》，《人与自然》2016 年第 5 期。

（四）大本曲的保护和传承研究

大本曲作为一种重要的白族非遗，保护和传承它是目前社会各界最为关注的问题，当然也是学术界应当重点研究的问题，然而通过文献调查发现这方面的文献并不多，现有文献的主要观点有：董秀团提出在大本曲的传承发展中应注意把握大本曲本身的特点，积极借鉴和利用现代媒体，既要保持传统特色又要努力创新；① 王小亚结合新媒体的传播环境探讨了大本曲的传播困境等问题；② 吴婷婷利用情报学的分析方法和技术对白族大本曲信息资源的开发和保护的历史以及现状进行了研究，并提出了保护和开发大本曲的建议和措施；③ 赵砚秋提出将大本曲与中学教育相结合，这样既能提高学生的音乐修养，还能通过学校教育把大本曲这样优秀的民族文化传承下去。④ 可见，把大本曲作为一种非遗，系统探讨其保护和传承的研究非常欠缺，这也是现今大本曲研究亟待开展的工作。

二 吹吹腔相关研究

通过检索文献，发现吹吹腔的研究较之大本曲更少，并未有专门的著作发表，但在中华人民共和国成立初期，曾经出版了一些相关的资料、剧本的汇编，如1962年印刷出版的《大理吹吹腔音乐资料》和20世纪五六十年代出版的多个版本的《杜朝选吹吹腔剧》，其内容主要还是有关吹吹腔的剧本、音乐方面的资料，并没有对吹吹腔的起源、发展、剧种等问题进行研究。

在期刊论文方面，《民族艺术研究》1988年第5期发表了多篇有关吹吹腔的研究论文，开吹吹腔研究之先河，其后相关研究论文时有发表，大致包括以下三方面的研究。

① 董秀团：《白族大本曲的文化内涵及传承发展》，《云南民族大学学报》（哲学社会科学版）2012年第2期。
② 王小亚：《白族大本曲的传承与发展研究：从传播学视角》，硕士学位论文，云南大学，2011，第27～38页。
③ 吴婷婷：《情报学视角下白族大本曲信息资源的开发与保护》，硕士学位论文，云南大学，2011，第20～73页。
④ 赵砚秋：《白族大本曲进入中学音乐教育的可行性研究——以大理州永平县一中为例》，硕士学位论文，云南师范大学，2016，第27～29页。

（一）关于吹吹腔的起源与发展的研究

吹吹腔源于何处、源于何时？学界迄今并无定论，不同学者从不同的角度分析和论证了相关观点：包钢认为，吹吹腔形成于明代中叶，是由罗罗腔传入滇西后演变成的。[①] 姚又僮则支持吹吹腔源于明初的弋阳腔的观点。[②] 丁慧则认为"吹吹腔"并非完全土生土长，它是在汉族戏曲音乐文化传入的影响下产生的，既保持了原有的传统，还融入了白族文化，与高腔、昆曲具有一定的渊源关系。[③]

从现有资料看，吹吹腔在中华人民共和国成立以后得到了迅速的发展，自白剧产生后，吹吹腔戏自身出现了一定的分化，吹吹腔的一部分艺术元素融入白剧中，并吸收了"大本曲"的唱腔特色，慢慢向"话剧加唱"的形式演变；另一部分艺术元素脱离了戏曲母体本身，转化为纯伴奏的音乐形式——"唢呐吹吹腔"，只在农村婚丧嫁娶等仪式中吹奏表演。而传统的吹吹腔戏仍然在乡野民间小范围内延续其演出，白剧始终未能替代吹吹腔戏在民间的地位。

（二）关于吹吹腔的音乐研究

关于吹吹腔的剧目，张绍兴认为，云龙白族吹吹腔剧目有 300 多个，其中传统剧目 240 个、新时期创作剧目 80 多个。白族吹吹腔经历了一个由外来剧种逐渐白族化的发展历程，其发展大致可分为三个阶段：第一个阶段为早期吹吹腔剧目，从内容上看主要以"三国""水浒""杨家将""说唐""说岳"等演义作品中的人物故事为主；第二阶段为白族吹吹腔剧目，如《崔文瑞砍柴》《窦仪下科》《火烧磨房》《竹林拾子》等；第三阶段为中华人民共和国成立后整理改编和新创作的剧目，中华人民共和国成立后，各业余吹吹腔剧团活跃起来，创作出一大批贴近白族人民生活、反映当时时代精神面貌的白族吹吹腔戏，如《鸡鸣茶香》《喜兆三元》《全家富》

---

① 包钢：《白族吹吹腔新探》，《民族艺术研究》2008 年第 1 期。

② 姚又僮：《云南吹吹腔戏演出考论》，硕士学位论文，上海戏剧学院，2012，第 3~5 页。

③ 丁慧：《云南白剧"吹吹腔"与高腔、昆曲的渊源关系》，《云南艺术学院学报》2007 年第 1 期。

《人勤花茂》《见面礼》《春花》《相亲路上》等。①

关于吹吹腔的表演，研究者认为吹吹腔"行当分工非常细致，生、旦、净、丑俱全"，讲究"手、眼、身、法、步"，有一套完整的表演程式及身段谱，"有许多严格的法则"。② 在唱腔方面，赵全胜认为吹吹腔"唱腔高亢激越，腔调也很丰富"，按照功能和板式分为九板十三腔；从唱腔的音乐特性来看，可分为高腔、平腔、二黄和小调四类。③ 在行当方面，总的分为生、旦、净、丑四大行，各行又根据不同年龄、身份、性格等做更具体的区分，共有 16 行。④ 赵全胜认为："云龙吹吹腔戏的表演艺术相当发达和丰富，它基本上属于古典戏曲范畴，规律相当严格。"⑤

（三）关于吹吹腔的传承与发展的研究

马建强在 1988 年就讨论了吹吹腔的继承与发展问题，提出了合理地继承和革新"老白剧"，更新现实题材的剧目，增强戏曲的表演风格色彩和增加民族特色的乐器与乐队伴奏等思路。⑥ 尹懋铨提出在"白剧音乐是在吹吹腔的基础上发展起来的"这一背景下，应该依据开掘吹吹腔的优秀传统、精心选择其为现代戏所用的精华，以及继承传统中优秀的表现手法为现代戏所用这两条思路来继承和革新吹吹腔音乐。⑦ 李雪萍提出了抢救、保护和开发吹吹腔的几条对策："普查与立档，在真实记录的基础上进行整理、保存；建立吹吹腔文化保护区；建立吹吹腔文化保护专项资金；对吹吹腔戏台进行维修、复修，加以保护；建立一支高素质的吹吹腔专业队伍；定期、不定期举办吹吹腔培训班。"⑧ 孙聪从"非遗"的角度研究了吹吹腔的保护问题，发现在白族吹吹腔的保护进程中，从方案制定到执行，乃至细节的把握，无不体现了本土专家的智慧和责任。他认为在肯定经济

① 张绍兴：《云龙县白族吹吹腔戏调查》，中国民间文化艺术之乡建设与发展初探会议论文，北京，2010，第 765～769 页。
② 姚又僮：《云南吹吹腔戏演出考论》，硕士学位论文，上海戏剧学院，2012，第 11 页。
③ 赵全胜：《云龙白族吹吹腔戏的表现形式及特征》，《民族音乐》2011 年第 5 期。
④ 赵全胜：《云龙白族吹吹腔戏的表现形式及特征》，《民族音乐》2011 年第 5 期。
⑤ 赵全胜：《云龙白族吹吹腔戏的表现形式及特征》，《民族音乐》2011 年第 5 期。
⑥ 马建强：《吹吹腔艺术的继承与发展断想》，《民族艺术研究》1988 年第 5 期。
⑦ 尹懋铨：《白剧〈蝶泉儿女〉音乐设计的体会——谈吹吹腔音乐的继承与革新》，《民族艺术研究》1988 年第 5 期。
⑧ 李雪萍：《白族吹吹腔抢救保护开发对策和措施》，《今日民族》2013 年第 8 期。

发展与文化保护中的协调互补性，提倡政府主导性的同时，应加强"局内、局外"群体的参与性，让全社会共同担负起"非遗"保护的使命。①

三　白剧相关研究

从研究文献看，研究者对白剧的关注始于 20 世纪 60 年代，但真正意义上的学术研究则开始于 20 世纪 80 年代初期，以李锡恩 1984 年发表的《白剧的新发展》一文为重要代表。② 1988 年是白剧学术研究的高峰年，同年大理白族自治州首届白剧艺术研讨会成功举办③，《民族艺术研究》以近一整期的篇幅发表白剧相关的研究论文。1989 年出版的《白剧志》成为白剧研究里程碑式的著作，书中对 1989 年以前的大本曲、吹吹腔、白剧的发展历史、剧目、音乐、表演、演出机构、演出习俗、演出场所、代表性艺人、大事记等内容做了详细介绍，直至今天无论研究大本曲、吹吹腔还是白剧，这本著作都是极为重要的参考文献。其后，相关研究平稳发展，总体上看，主要关注如下话题。

（一）白剧的形成及其与大本曲、吹吹腔的关系

关于白剧的形成问题，学界并无争议，一致认为是"中华人民共和国成立以后，以吹吹腔为基础，吸收白族说唱艺术大本曲的曲调，加以发展而成为现在的白剧"④，只是对具体的命名时间、细节等的描述有所出入，如傅媛蕾描述的是：1956 年，大理白族自治州政府文化部门顺应此发展趋势，经过统筹设计，正式将吹吹腔和大本曲戏统一为一个剧种，并命名为"白剧"。⑤秦思的描述则是：1957 年 1 月，云南省人民政府秘书长兼大理白族自治州州长张子斋，在昆明翠湖宾馆接见出席云南省农村业余歌舞会

① 孙聪：《关于白族吹吹腔保护现状的调查与研究——以云龙县为例》，《四川戏剧》2016 年第 1 期。
② 李锡恩：《白剧的新发展》，《中央民族学院学报》（哲学社会科学版）1984 年第 3 期。
③ 冯永治：《大理白族自治州首届白剧艺术研讨会》，《民族艺术研究》1988 年第 4 期。
④ 赵信鸿：《浅析白剧及其音乐的形成》，《民族音乐》2014 年第 4 期。
⑤ 傅媛蕾：《论白族白剧音乐的形成和发展》，《云南师范大学学报》（哲学社会科学版）2006 年第 2 期。

演的大理州代表队时，首次提出"白剧"这个称谓。①

由于白剧来源于吹吹腔和大本曲，目前形成一种正式的剧种，与流传于民间的大本曲和吹吹腔并行于世，研究者较为关注三者之间的关系问题。如秦思通过对已有文献中有关吹吹腔及白剧概念的梳理和分析，认为吹吹腔更多的是"民间的"，而白剧是国家为了打造民族艺术文化品牌而成立的戏曲剧种，在民间它带有"国家""民族"的印记。② 丁慧的研究则发现，"现在的专业白剧团的演出在表演上较多地向滇剧借鉴，并揉进白族民间歌舞的一些表演形式，形成了比较贴近白族现实生活而又有戏曲表演程式的风格。至于业余白剧团的演出，仍是以吹吹腔或大本曲的形式活动，经久不衰，保留了原有声腔和表演的风貌"③。

（二）白剧剧目及戏剧人的研究

在白剧研究中，有关剧目和戏剧人的研究占有不小的比例。在剧目研究方面，从 20 世纪 60 年代阿将的《苍山洱海的红山茶——白剧〈红色三弦〉观后》④、20 世纪 70 年代张锡禄的《为无产阶级文化大革命的新生事物大唱赞歌——评白剧〈苍山红梅〉》⑤ 开始，迄今李同生、蒋菁、尹懋铨、张克勤、涂沛、金穗、苏保昆、李琼芬、奚劲梅、李晴海、张涛和王蕴明先后对白剧《阿盖公主》《蝶泉儿女》《望夫云》《榆城圣母》《白洁圣妃》等剧目进行了评论。在戏剧人研究方面，郭思九⑥、薛雁⑦、周国庆⑧、张辉⑨和张涛⑩等研究了白剧演员叶新涛、杨益琨和白剧作家张绍奎

---

① 秦思：《唇齿相依　水乳交融——吹吹腔及白剧的概念辨析与界定》，《民族艺术研究》2018 年第 2 期。

② 秦思：《唇齿相依　水乳交融——吹吹腔及白剧的概念辨析与界定》，《民族艺术研究》2018 年第 2 期。

③ 丁慧：《云南白剧及其两大声腔初探》，《云南艺术学院学报》2003 年第 4 期。

④ 阿将：《苍山洱海的红山茶——白剧〈红色三弦〉观后》，《中国戏剧》1966 年第 3 期。

⑤ 张锡禄：《为无产阶级文化大革命的新生事物大唱赞歌——评白剧〈苍山红梅〉》，《思想战线》1975 年第 4 期。

⑥ 郭思九：《路，从苍山脚下延伸——著名白剧演员叶新涛的艺术之路》，《民族艺术研究》1992 年第 5 期。

⑦ 薛雁：《艺海无涯苦作舟——记白剧青年演员杨益琨》，《民族艺术研究》1998 年第 5 期。

⑧ 周国庆：《苍山一枝花——记白剧表演艺术家叶新涛》，《云岭歌声》1997 年第 1 期。

⑨ 张辉：《白剧作曲家张绍奎访谈录》，《民族音乐》2008 年第 3 期。

⑩ 张涛：《从白剧〈望夫云〉谈张绍奎的音乐创作》，《民族音乐》2015 年第 5 期。

的从艺经历、艺术成就等问题。陈昱和陈宏光通过实地采访，较为系统地研究了众多的演员、编剧和知名剧目，他们认为代表性的白剧优秀演员有苏丹、杨洪英、叶新涛、杨永忠、董汉贤、马永康、杨益琨、董凤琴、李泽新、赵文生、彭强、孙宝华等十余位；围绕白剧剧种，已形成一个由数十人组成的包括杨明、陈兴、赵建华、魏树生、薛子言、张继成、和汉中、杨元寿、王立智等知名剧作家在内的白剧创作群体。多年来创作和排演大小剧目达数百个，产生全国影响或获大奖的剧目有《红色三弦》《苍山红梅》《望夫云》《蝶泉儿女》《苍山会盟》《白洁圣妃》《阿盖公主》《将军泪》《白月亮，白姐姐》《情暖苍山》等十余个。①

（三）白剧艺术及其传承与发展问题

作为一种新成立的剧种，戏剧工作者较为关注白剧的独立发展问题，李琼芬提出白剧表演艺术的发展需要注意向传统学习、走戏剧与民间歌舞相结合的道路和注意横向借鉴三条发展思路。② 从总体上看，研究者主要关注以下两个问题并做出探索。

其一是吹吹腔和大本曲的继承问题。如尹懋铨发现起源于大本曲的白剧，其多数曲调明显地具有曲艺音乐的喧叙性质，音乐结构方面几乎无板式变化，润腔方法过分强调陈述词义而忽视表达情感，他认为必须以科学的态度从理论上对我们以往的实践进行认真总结，对白剧艺术进行广泛的实践，使之成为行之有效的艺术手段。③ 杨彦菊认为，白剧的表演程式还得沿用白剧传统（大本曲和吹吹腔）所指示出来的方向去创造，并以形成白剧程式为目标，长期坚持努力。④ 金重认为白剧的发展道路是要重视对吹吹腔及大本曲传统艺术的研究。

其二是要注目于白族长远的宽阔的文化传统。⑤ 杨永忠指出，剧种的艺术风格和地方特色主要体现在声腔上，认为白剧只有掌握和运用好白族语言音调的内涵和韵律，继承和把握好吹吹腔和大本曲的声腔艺术规律，

---

① 陈昱、陈宏光：《风花雪月话白剧——2004 白剧调查》，《戏曲艺术》2004 年第 3 期。
② 李琼芬：《试谈白剧的表演艺术及其发展》，《民族艺术研究》1988 年第 5 期。
③ 尹懋铨：《白剧音乐发展之我见》，《民族艺术研究》1988 年第 3 期。
④ 杨彦菊：《论白剧音乐的特征及创新发展》，《民族音乐》2013 年第 6 期。
⑤ 金重：《试论白剧的发展道路》，《民族艺术研究》1988 年第 5 期。

才能形成剧种声腔艺术独特的民族艺术风格和地方特色。① 白剧发展的另一道路是向其他剧种学习，如建华专门讨论了白剧学习借鉴汉族剧种的问题，认为学习借鉴是少数民族剧种发展的"加速剂"，但要避免"步人后尘"并保持强烈的剧种意识。②

四 非遗相关研究

就研究内容而言，目前非遗研究主要包括非遗基本理论研究、非遗保护与传承研究、非遗开发利用研究三个方面。

（一）非遗基本理论研究

关于非遗基本理论研究主要包括非遗的概念界定、非遗的特点、非遗的价值等方面。随着非遗理论研究的不断深化，人们已经从最初对基本概念、主要类型和一般特征的研究深入到如何正确认识非遗的本质问题的研究。

1. 非遗的概念界定

对"非物质文化遗产"这一概念的认识，最早可追溯到 20 世纪 50 年代，对此概念的界定无论是在外文中还是中文中都有一个不断发展演化的过程。在世界范围内，2003 年联合国教科文组织通过的《保护非物质文化遗产公约》使用的是"the Intangible Cultural Heritage"，该公约的正式生效标志着对"非物质文化遗产"的概念界定基本达成共识。我国对非遗的概念界定最早可追溯到 2003 年，杨怡根据联合国教科文组织的概念表述，对非遗、无形文化遗产、世界文化和自然遗产的概念、表现形式、特征等问题进行了探讨和分析。③ 王文章作为我国非遗研究的代表性学者对非遗的概念、特点、价值、意义、分类和保护主体等基本理论问题进行了系统的论述。④ 贾银忠对我国少数民族非遗的内涵、特点、价值和分类等问题进

---

① 杨永忠：《谈白剧音乐的艺术风格》，《戏曲研究》1995 年第 1 期。
② 建华：《少数民族剧种向汉族剧种的学习借鉴——兼谈白剧剧种建设》，《民族艺术研究》1988 年第 1 期。
③ 杨怡：《非物质文化遗产概念的缘起、现状及相关问题》，《文物世界》2003 年第 2 期。
④ 王文章主编《非物质文化遗产概论》（修订版），教育科学出版社，2013，第 3 页。

行了深入探讨和分析。① 虽然早期不同的学者对非遗的概念的认识有不同的观点，但自 2011 年《中华人民共和国非物质文化遗产法》出台后，我国学界对非遗的概念界定已经基本趋同，即《中华人民共和国非物质文化遗产法》规定的："非物质文化遗产，是指各族人民世代相传并视为其文化遗产组成部分的各种传统文化表现形式，以及与传统文化表现形式相关的实物和场所。包括：（一）传统口头文学以及作为其载体的语言；（二）传统美术、书法、音乐、舞蹈、戏剧、曲艺和杂技；（三）传统技艺、医药和历法；（四）传统礼仪、节庆等民俗；（五）传统体育和游艺；（六）其他非物质文化遗产。"②

2. 非遗的特点

李昕认为非遗具有变异性、遗传性、活态性和生态性的特点；③ 王文章在其所主编《非物质文化遗产概论》（修订版）一书中系统地阐述了非遗的独特性、活态性、传承性、流变性、综合性、民族性、地域性等七大特性。④ 以上观点表明，学界对非遗的活态性、流变性、传承性、地域性等特点基本达成共识，上述非遗的特点对我们认识非遗的本质具有重要的意义。

3. 非遗的价值

2003 年联合国教科文组织通过的《保护非物质文化遗产公约》中明确指出非遗具有重要价值。《中华人民共和国非物质文化遗产法》第一章第三条也明确指出："对体现中华民族优秀传统文化，具有历史、文学、艺术、科学价值的非物质文化遗产采取传承、传播等措施予以保护。"⑤ 学界对非遗的价值问题也进行了多方面、多角度的探讨。叶舒宪从社会经济发展的角度肯定了非遗的经济价值。⑥ 蔡丰明认为非遗对当代社会的价值集

---

① 贾银忠主编《中国少数民族非物质文化遗产教程》，民族出版社，2008，第 1 页。
② 《中华人民共和国非物质文化遗产法》，《中华人民共和国全国人民代表大会常务委员会公报》2011 年第 2 期。
③ 李昕：《再论非物质文化遗产的基本特征》，《民族艺术研究》2008 年第 6 期。
④ 王文章主编《非物质文化遗产概论》（修订版），教育科学出版社，2013，第 53～59 页。
⑤ 《中华人民共和国非物质文化遗产法》，《中华人民共和国全国人民代表大会常务委员会公报》2011 年第 2 期。
⑥ 叶舒宪：《非物质经济与非物质文化遗产》，《民族文化论坛》2005 年第 8 期。

中体现为认知价值和促进价值。① 以上观点所探讨的非遗的价值都偏笼统和碎片化，笔者在文献调查中发现分析较为完善的观点出自王文章主编的《非物质文化遗产概论》（修订版），该书第三章用整整一章的篇幅系统地论述了非遗的价值体系，认为非遗多种多样的价值构成了一个立体、丰富、动态的价值体系，他将非遗的价值分为：共时性基本价值（包括：科学价值、社会价值、审美价值）；历时性基本价值（包括：历史价值、文化价值、精神价值等）；重要时代价值（包括：教育价值和经济价值）。②

（二）非遗保护与传承研究

对于非遗保护与传承问题的研究主要集中于非遗保护与传承的主体界定、模式研究、机制研究、技术研究等问题上。

1. 非遗保护与传承的主体界定

非遗保护与传承工作都要依靠保护与传承主体来实现，因此必须首先明确主体是什么。众多学者对该问题进行了探讨，如：赖泽栋、杨建州提出社会企业是非遗保护与开发的主要行为主体，其行为可兼顾非遗保护的经济目标、社会目标和环境目标；③ 王文章认为非遗的传承主体是指某一项非遗的传承人或传承群体，保护主体是负有保护责任及从事保护工作的国际组织，各国政府相关机构、团体和社会有关部门及个人，它包括国际组织、国家政府、各级各类非遗保护机构、社区与民众；④ 黄体杨针对非遗的传承主体的保护问题，提出对传承人进行建档保护的观点，并提出了对非遗传承人进行协同治理的建档思路和方法。⑤ 众多学者的观点表明，非遗的传承和保护主体应当是负有保护和传承责任的社会各界相关组织和个人，国际组织、国家政府、各级各类非遗保护机构、社区与民众以及相

① 蔡丰明：《上海非物质文化遗产的资源特点及其在文化产业发展中的作用（上）》，《创意设计源》2011年第1期。
② 王文章主编《非物质文化遗产概论》（修订版），教育科学出版社，2013，第70~109页。
③ 赖泽栋、杨建州：《非物质文化遗产保护与开发的行为主体创新研究——基于社会企业角度》，《学术论坛》2012年第4期。
④ 王文章主编《非物质文化遗产概论》（修订版），教育科学出版社，2013，第271~285页。
⑤ 黄体杨：《白族非物质文化遗产传承人建档保护研究》，博士学位论文，云南大学，2016，第51~140页。

关企业都应该包含在主体范围之内。《中华人民共和国非物质文化遗产法》第七条规定：国务院文化主管部门负责全国非物质文化遗产的保护、保存工作。[①] 这明确了在众多非遗保护主体中政府文化部门的主导地位。

2. 非遗保护与传承的模式研究

关于非遗的保护与传承模式，学界总体上是分别讨论保护与传承，其中关于保护模式的学术观点较多，主要集中在以下几种模式上：一是博物馆式保护模式；二是活态保护模式；三是档案式保护模式；四是生态圈保护模式；五是特别权利模式。[②]

关于非遗的传承模式，由于传承的主体主要是传承人和机构，这样人们基本形成共识的就是传承人模式，学界研究重点主要集中在传承形式和传承机制的问题上，如李欣较为系统地归纳了非遗的主要传承形式包括乡土教育传承、社会教育传承（包括家庭教育传承、网络教育传承、社区教育传承、文化机构教育传承）和学校教育传承（包括基础教育传承、中等职业教育传承、高等教育传承）。[③]

3. 非遗保护与传承的机制研究

综合来看，非遗保护与传承机制研究的重点是法律保障机制问题。通过规定法律、出台政策、形成制度、制定标准等途径保障非遗保护与传承工作合理合法地有序推进，并形成长效机制，这是经过国内外众多实践验证的，也是学术研究领域达成共识的观点。

实践方面，联合国教科文组织出台了一系列文件，包括《保护世界文化遗产和自然遗产公约》《保护民间创作建议案》《宣布人类口头和非物质文化遗产代表作条例》《保护非物质文化遗产公约》等；日本将立法作为保护非遗的基础，20 世纪 50 年代就着手推出非遗保护的一系列法律法规；法国从国家层面制定保护非遗的整套评价标准和管理办法，推进本国的非遗保护工作；美国对非遗的保护方式同样侧重于通过法律、法规和政策来

---

① 《中华人民共和国非物质文化遗产法》，《中华人民共和国全国人民代表大会常务委员会公报》2011 年第 2 期。
② 周耀林等：《非物质文化遗产档案管理理论与实践》，武汉大学出版社，2013，第 68 页。
③ 李欣：《数字化保护：非物质文化遗产保护的新路向》，科学出版社，2011，第 125～132 页。

鼓励各州、各企业、各集团以及全社会共同进行保护；新西兰政府推行多元文化政策，将非遗纳入法律框架，侧重于保护毛利人的传统文化；我国政府出台的代表性法律法规有《国务院办公厅关于加强我国非物质文化遗产保护工作的意见》《国家级非物质文化遗产保护与管理暂行办法》《国家级非物质文化遗产项目代表性传承人认定与管理暂行办法》《中华人民共和国非物质文化遗产法》等。[1]

理论研究领域，Erika J. Techerar 认为应在国家法框架内对非遗进行有效保护和合理开发利用。[2] Cristina Amescua 认为联合国教科文组织颁布的《保护非物质文化遗产公约》已对非遗归属人的权利做出了限定，但应设立专门的国际法庭和国际法院对国际性的非遗争端进行审理，并使之成为联合国的常设机构。[3] 王文章在其主编的《非物质文化遗产概论》（修订版）中全面介绍了国内外众多国家和地区的非遗立法情况；[4] 李欣论述了国内外非遗的制度建设和立法保护问题，并探讨了非遗的知识产权问题。[5]

4. 非遗保护与传承的技术研究

综观国内外关于非遗保护与传承技术的理论研究和实践探索，众多学者都把目光聚焦于现代信息技术，在信息社会和互联网时代，如何更好地应用现代信息技术推进非遗保护与传承工作成为非遗研究领域的热点问题。

理论研究层面，杨红在其所著《非物质文化遗产数字化研究》一书中对非遗数字化保护及数据库建设的整个标准体系进行理论层面的梳理，提出了非遗数字资源的核心元数据元素集方案和非遗项目分类编码体系；[6] 李欣认为将文化遗产向数字媒体转移是将传统文化资源开发成为经济资源

---

[1] 王文章主编《非物质文化遗产概论》（修订版），教育科学出版社，2013，第339~351页。

[2] Erika J. Techerar, "Ensuring the Viability of Cultural Heritage: The Role of International Heritage Law for Pacific Island States," *Island Futures Global Environmental Studies*, (2011): 37 – 51.

[3] Cristina Amescua, "Anthropology of Intangible Cultural Heritage and Migration: An Uncharted Field," *Anthropological Perspectives on Intangible Cultural Heritage Springer Briefs in Environment, Security, Development and Peace*, 6 (2013): 103 – 120.

[4] 王文章主编《非物质文化遗产概论》（修订版），教育科学出版社，2013，第360页。

[5] 李欣：《数字化保护：非物质文化遗产保护的新路向》，科学出版社，2011，第99~120页。

[6] 杨红：《非物质文化遗产数字化研究》，社会科学文献出版社，2014，第1~2页。

的必要步骤，系统阐述了非遗的数字化理论;[1] 余日季以增强现实（AR）技术为核心，以国家级非遗"黄鹤楼传说"为研究案例，进行非遗的数字化开发式保护研究;[2] 刘斌提出采用空间信息网络访问模式下的非遗数据与空间信息整合，从而在地理信息系统中实现非遗的可视化展现。[3]

实践探索层面，联合国教科文组织 1992 年开始运作"世界记忆"（Memory of the World）项目，2004 年启动数字化保护丝绸之路文化遗产项目；在法国，其文化遗产资源非常丰富，并且文化工作一直走在世界的前列，法国的文化遗产数字化网站收藏有 3262 项各种记录形式的文化遗产;[4] 在美国，美国国会图书馆构建了包含大量人类文化遗产知识的数字化数据平台"美国记忆"[5]，美国在对本国的文化遗产进行数字化处理的同时，也将世界上其他国家的古老文化遗产进行数字化处理，如斯坦福大学、华盛顿大学与 Cyberware 公司合作的数字化米开朗基罗项目，罗马的 Colosseum 港口虚拟重现以及虚拟庞贝城等[6]；我国在物质文化遗产数字化方面比较有代表性的项目是微软公司研究的兵马俑数字化、北京大学研究的故宫数字化、数字敦煌，还有国内各种数字博物馆，如中国国际友谊博物馆工程等项目、南京博物馆的数字化、山东大学考古数字博物馆。非遗领域数字化的代表性项目有：浙江大学计算机学院的"楚文化编钟乐舞数字化技术研究"、"云南斑铜工艺品数字化辅助设计系统"等。[7] 此外还有国家图书馆的中国记忆项目和各地非遗中心的非遗数据库等。

（三）非遗开发利用研究

国内外非遗保护主要有两种途径，一是抢救性保护，主要是政府主

---

① 李欣:《数字化保护：非物质文化遗产保护的新路向》，科学出版社，2011，第 165 ~ 236 页。

② 余日季:《基于 AR 技术的非物质文化遗产数字化开发研究》，博士学位论文，武汉大学，2014，第 85 ~ 102 页。

③ 刘斌:《基于 G/S 模式的非物质文化遗产异构数据可视化共享机制研究与实现》，博士学位论文，成都理工大学，2011，第 22 ~ 24 页。

④ Patrimoine Numérique: http://www. numerique. culture. fr/pub-fr/，2017 年 2 月 13 日。

⑤ 叶鹏:《基于文化与科技融合的我国非物质文化遗产保护机制及实现研究》，博士学位论文，武汉大学，2014，第 5 页。

⑥ 李欣:《数字化保护：非物质文化遗产保护的新路向》，科学出版社，2011，第 23 页。

⑦ 郑巨欣、陈峰:《文化遗产保护的数字化展示与传播》，科学出版社，2011，第 27 页。

导，以文物保护的方式抢救性保护非遗，主要是针对濒危的非遗项目；二是开发式保护，主要是通过产业化方式，将非遗引入市场，充分发掘非遗的市场价值，借助市场拓展非遗的生存空间，使非遗更具生命力。开发式保护的重点便是非遗的开发利用问题，目前关于非遗开发利用的研究重点主要是与两方面应用领域的结合：一是非遗跟旅游业结合，二是非遗与文化产业的结合。

旅游业是综合性产业，关联度高，延伸面广，近年来各地的旅游规划和旅游服务都把非遗作为重点，同时非遗与旅游业的结合问题也日渐成为各学科学者研究的热点，该问题属交叉性跨学科研究，研究内容主要涉及非遗旅游的基本理论问题和非遗的旅游开发实践研究，如欧阳正宇理清非遗旅游的基本概念，建立非遗旅游资源调查与分类系统，构建非遗旅游资源开发价值评价体系，并提出了以市场营销方式开发非遗旅游产品的主张；[1] 缪莉以沙湾的非遗为切入点，从文化发展与产业结构升级相互结合、政府的保护措施、民间的认知情况等方面思考，探索非遗向旅游文化及产业文化发展的方向；[2] 王文文提出了游客体验视角下山东非遗旅游开发的研究对策。[3]

当今时代是文化产业大发展大繁荣的时代，将非遗与文化产业结合是促进非遗保护与传承的有效途径之一，很多学者都从文化产业的视角分析和研究非遗的开发利用问题。如朱伟认为非遗保护与文化创意产业的结合，是将地方文化的"传统与现代"衔接起来，将地方性生产与全球化趋势衔接起来；[4] 陈少峰认为动漫能够有效促进非遗在当代的传承与传播，提出非遗的动漫化传承与传播的研究思路，探讨了非遗的动漫化表达、传播与接受和动漫产业如何促进非遗在当代的传承与传播的问题；[5] 张永利

① 欧阳正宇：《非物质文化遗产旅游开发研究：以莲花山"花儿"为例》，博士学位论文，兰州大学，2012，第25~113页。
② 缪莉：《非物质文化遗产的传承保护及开发利用问题探讨》，硕士学位论文，西北大学，2008，第19~25页。
③ 王文文：《体验视角下山东非物质文化遗产旅游开发研究》，硕士学位论文，山东师范大学，2011，第43~44页。
④ 朱伟：《非物质文化遗产与文化创意产业》，《文化遗产》2015年第4期。
⑤ 陈少峰：《非物质文化遗产的动漫化传承与传播研究》，博士学位论文，山东大学，2014，第76~173页。

和李新亮提出通过非遗与文化产业的多种形式融合、政府支持引导与个体保护相结合、保护传承与创新经营相结合等方式，提高文化产业化升级，实现非遗保护和承德地方文化产业发展的"双赢"。[①]

五 非遗信息资源相关研究

非遗是人类文明的记忆载体，是蕴藏民族精神的符号基因，是一个国家和民族历史文化成就的重要标志。信息资源，就是人类社会信息活动中积累起来的以信息为核心的各类信息活动要素（信息技术、设备、设施、信息生产者等）的集合，其中信息活动包括围绕信息的搜集、整理、提供和利用而开展的一系列社会经济活动。[②] 非遗信息资源则是在非遗信息活动中所展现的各种媒介与载体。通过查阅资料发现，国内外系统阐述非遗信息资源的著作较少，通过文献检索发现，在非遗信息资源的相关研究中，学者们主要从非遗信息资源建设的主体、信息技术在非遗信息资源建设中的应用、非遗信息资源的保护三个方面展开研究。

（一）非遗信息资源建设的主体

在非遗信息资源建设过程中，图书馆、档案馆、博物馆等文化场馆发挥了重要作用。图书馆是人类智慧和知识的宝库，是搜集、整理、收藏图书资料以供人阅览、参考的机构，保存人类文化遗产也是其重要职能。李新认为图书馆应该发挥其资源优势和社会职能，对大理非遗进行声像信息化建设，建立大理非遗各种声像信息资源库。[③] 档案是社会组织或个人在以往的社会实践活动中直接形成的具有清晰、确定的原始记录作用的固化信息，[④] 李琳从档案学视角指出广西的"刘三姐文化"资源建设应发挥档案的价值作用，在新时期建设刘三姐文化档案应健全组织机制、明确建设主体，加强刘三姐文化档案的收集工作并做好刘三姐文化档案数据库建

---

① 张永利、李新亮：《非物质文化遗产保护利用与文化产业发展融合的思考——以河北承德为例》，《品牌》2015 年第 3 期。

② 马费成、赖茂生：《信息资源管理》，高等教育出版社，2014，第 5 页。

③ 李新：《大理非物质文化遗产声像信息化建设与利用》，《大理学院学报》2009 年第 7 期。

④ 冯慧玲、张辑哲：《档案学概论》，中国人民大学出版社，2006，第 6 页。

设，促进档案资源开发利用。[①] 博物馆是文物和标本的主要收藏机构、宣传教育机构和科学研究机构。Y. O. Park 和 E. S. Bae 认为博物馆是非遗档案数字化传播的主体。[②] 钱永平和赵风云认为"博物馆式展示"是以静态的物质媒介为主的非遗展示，非遗的博物馆展示是特定人员通过对非遗进行系统性整理归纳后，运用各种手段对其实现静态、物质可视化传达，并运用各种方法展开信息诠释，通过对非遗信息资源的动态可视化处理，让公众了解和关注非遗。[③]

在非遗信息资源建设过程中已经形成了"非遗 + 图书馆""非遗 + 档案馆""非遗 + 博物馆"的发展模式，在未来的建设中非遗可以联合图书馆、档案馆、博物馆，形成三位一体的服务模式，同时加强非遗信息资源的数字化建设，将非遗更广泛、更深入地推向大众视野。

除了上述图书馆、档案馆、博物馆在非遗信息资源建设中的相关研究，有关学者也从其他方面对非遗信息资源的建设进行了相应研究。如周耀林和李丛林围绕非遗项目和非遗传承人两个层面，从管理标准和技术标准两个维度强调我国非遗资源长期保存标准体系建设的主要方面。[④] 黄体杨和欧阳光认为非遗作为一种活态文化，要依托"人"来实现，因此为传承人建档是非遗数字信息资源建设的起点。[⑤] 李建阁在网络信息技术发展下通过各项评价指标分析了非遗信息资源在"网站""微博""搜索引擎"中的建设情况。[⑥]

（二）信息技术在非遗信息资源建设中的应用

当今社会信息技术日新月异，非遗信息资源可以依托信息技术，实现

---

① 李琳：《新时期建设刘三姐文化档案的思考》，《山西档案》2015 年第 1 期。

② Y. O. Park, E. S. Bae, "Creating Immersive Experiences in the Sokcho Museum," *Advanced science letters*, 2017：9886.

③ 钱永平、赵风云：《晋中非物质文化遗产"博物馆式"静态展示分析》，《晋中学院学报》2017 年第 5 期。

④ 周耀林、李丛林：《我国非物质文化遗产资源长期保存标准体系建设》，《信息资源管理报》2016 年第 1 期。

⑤ 黄体杨、欧阳光：《非遗数字信息资源建设的起点：协同开展非遗传承人建档保护的分析模型》，《图书馆论坛》2018 年第 12 期。

⑥ 李建阁：《非遗网络信息资源评价系统可视化设计研究》，硕士学位论文，大连理工大学，2016，第 63～123 页。

其保护与传承。K. Kojima 等人利用非遗档案数据开发了基于先进技术的数字档案系统，例如以日本传统表演艺术、民间表演艺术和世界各地舞蹈为例，通过 VR 技术再现非遗档案中的非遗场景和展现其中的非遗文化。① 方允璋提出非遗知识库元数据方案，根据 DC 元数据核心元素集，对非遗相关知识或实体资源进行描述。② 李波根据非遗信息资源特点，在信息结构、语义成分分析的基础上建立了一种非遗信息资源描述的元数据模型。③ 蔡璐等应用本体论的知识组织理论与方法，构建非遗领域本体概念模型，并结合元数据的信息组织形式，对各种形态的非遗数字资源对象进行规范描述。④ 胡骏将语义网和本体技术应用于非遗研究中，提高了非遗信息资源的管理和检索效率。⑤ 施箫将主题图技术应用到非遗档案资源的整合中，构建了非遗档案资源主题图，并以黄梅戏为例进行了实证研究。⑥ 翟姗姗等引入互联网领域中的 SOLOMO 理念，构建 SOLOMO 非遗信息推送平台的整体模型，通过 "SOLOMO + 非遗信息" 的模式，可以深入挖掘非遗用户需求，推动非遗信息资源服务的快速发展。⑦ 程秀峰等探讨了虚拟现实技术（VR）在非遗信息资源可视化展示应用中的发展模式，使非遗信息资源得到更好的展现。⑧

　　在非遗信息资源现代化技术的应用方面，充分结合了计算机科学、信息学、情报学等领域相关知识。从总体来看，众多学者主要从非遗数据库构建、语义网、主题图、本体论、数据挖掘、虚拟现实等技术层面，对非

① K. Kojima et al. , "Multi-Site Linked MOCAP Streaming System for Digital Archive of Intangible Cultural Heritage," International Conference on Culture and Computing, Kyoto, Japan, September, 2017, pp. 61 – 62.

② 方允璋：《图书馆与非物质文化遗产》，北京图书馆出版社，2006，第 208 页。

③ 李波：《非物质文化遗产信息资源元数据模型研究》，《图书馆界》2011 年第 5 期。

④ 蔡璐、熊拥军、刘灿姣：《基于本体和元数据的非遗资源知识组织体系构建》，《图书馆理论与实践》2016 年第 3 期。

⑤ 胡骏：《语义网环境下非物质文化遗产本体设计及应用研究》，硕士学位论文，暨南大学，2016，第 15 ~ 25 页。

⑥ 施箫：《基于主题图的非物质文化遗产档案资源聚合研究》，硕士学位论文，华中师范大学，2017，第 29 ~ 41 页。

⑦ 翟姗姗、代沁泉、谭琳洁：《基于 SOLOMO 的非遗信息集成推送平台构建及应用研究》，《情报科学》2018 年第 10 期。

⑧ 程秀峰、张小龙、翟姗姗：《虚拟现实技术在非遗信息资源展示中的应用调查研究》，《数字图书馆论坛》2019 年第 1 期。

遗信息资源的采集、组织、存储、检索、管理等方面进行了系统论述，并进行了相应的实践探索。

（三）非遗信息资源的保护

关于非遗信息资源的保护方面的研究，主要集中在两个方面，其一是对于非遗信息资源的特色数据库建设性保护；其二是对非遗信息资源的协同式保护。特色数据库是充分反映该地区或单位具有文献和数据资源特色的信息总汇，建立特色数据库是保护非遗的有效的途径，也是保护非遗信息资源的重要工作。目前我国非遗特色资源数据库建设主要由民族高校图书馆、公共图书馆或档案馆牵头，已经建立了内容丰富、特色鲜明的数字资源库。姜雷着重分析了基于方正德赛系统的徐州非遗特色数据库的建设性保护。[1] 刘俊南主要分析了神奇鄂伦春特色数据库项目建设实践，并提出了面向非遗的特色资源数据库建设原则、建设内容和建设方法。[2] 华林等从云南省少数民族传统手工艺非遗档案发掘利用方面，提出依托数字人文，创新特色数据库建设，促进优秀民族文化资源的保护和传播。[3] Wei Wang、Kun Hong 在第五届科技信息资源共享促进国际会议上指出，构建非遗保护交流平台，扩大共享信息资源的获取和开放渠道也是非遗信息资源保护的有效举措。[4]

非遗信息资源的协同式保护，主要是联合社会各方资源，协同合作，共同促进非遗信息资源的传承和发展。黄体杨和欧阳光认为非遗信息资源应该协同非遗传承人，对传承人进行建档保护。[5] 吕丽辉和马香媛将非遗信息资源与档案式管理联系起来，并分别论述了管理协同机制、资源协同

---

[1] 姜雷：《论基于方正德赛（DESI）系统的徐州非物质文化遗产特色数据库建设》，《新世纪图书馆》2011 年第 7 期。

[2] 刘俊南：《浅谈非物质文化遗产特色数据库——神奇鄂伦春的建设》，《贵图学刊》2012 年第 3 期。

[3] 华林、王柳、梁思思：《论云南省少数民族传统手工艺非遗档案发掘利用问题》，《档案管理》2018 年第 3 期。

[4] W. Wang, K. Hong, "Build Communication Protection Platform of Intangible Cultural Heritage Expand Channel of Open Access to Shared Information Resources," The 5th International Conference on Cooperation and Promotion of Information Resources in Science and Technology, Beijing, November, 2010, pp. 111 – 116.

[5] 黄体杨、欧阳光：《非遗数字信息资源建设的起点：协同开展非遗传承人建档保护的分析模型》，《图书馆论坛》2018 年第 12 期。

机制、技术协同机制和利益协同机制四种协同机制的构建。① 陈彬强论述了闽台两地非遗信息资源的建设与保护，两地通过联合申报世界遗产、共同举办文化活动、联合培养研究人才等措施，推动闽台共同保护非遗工作。② 张青青将新农村建设和非遗联系起来，从信息资料管理的角度，对新农村建设背景下非遗信息资源保护进行了系统阐述。③ 非遗信息资源的协同保护，重点是要协调相关政府部门、非遗传承人、图书馆、档案馆、博物馆、其他社会组织等多方参与主体，形成常态化社会参与机制。

六　研究述评

总体而言，在白族口承文艺的研究方面，研究者主要聚焦于三方面的工作：一是较为关注大本曲、吹吹腔和白剧等口承文艺的历史、源流等问题，对此进行了较多的考证和论述，基本理清了三者的源与流；二是从音乐学、戏剧学和艺术学的角度梳理和归纳大本曲、吹吹腔和白剧等口承文艺的剧目、表演、行当等，并探讨在当前社会背景下的传承与发展问题；三是对上述口承文艺的从艺人员的经历、成就、现状等问题进行了一些记录和研究。

当前，无论是国际上还是我国，都对传统文化、非遗给予了较多的关照和重视，绕三灵（大本曲为其核心音乐）、桑植民歌、白剧、大理三月街、石宝山歌会、剑川白曲和耳子歌等白族民俗和音乐均被认定为国家级非遗项目，各类传统文艺项目的实施保护与传承问题都被纳入非遗的框架之下研究。然而，从已有研究成果看，研究者未从非遗的角度对大本曲、吹吹腔和白剧等典型的白族口承文艺项目给予关注，这与该类口承文艺当前的发展现实是不相符的。

在非遗研究方面，非遗活态保护的理论已经较为系统和全面，而对非

---

① 吕丽辉、马香媛：《非物质文化遗产信息资源档案式管理的协同机制研究》，《社会科学战线》2014 年第 12 期。

② 陈彬强：《闽台非物质文化遗产信息资源建设与共同保护研究》，《图书馆工作与研究》2013 年第 9 期。

③ 张青青：《基于信息资源管理的新农村建设中非物质文化遗产保护的研究》，硕士学位论文，华中师范大学，2014，第 11～41 页。

遗的静态保护的理论研究还较为零散，尚不够系统，尤其是非遗信息资源建设理论研究和实践探索仍比较薄弱和零散，相关研究仍停留于一般性探讨层面，缺乏系统性，没有形成非遗信息资源建设的理论体系。

实践方面，非遗活态保护的实践项目已经较为丰富，而对非遗的静态保护研究的实践项目较少。目前关于非遗信息资源的研究主要聚焦于非遗信息资源建设问题，非遗信息资源建设的研究多数停留在对一般性和普遍性理论问题的讨论上，对于特定非遗项目信息资源的深入研究显得较少，少量已有的实践案例研究尚缺乏较为系统的经验总结和问题分析，对于如何建立和管理非遗信息资源缺少深度探讨，目前鲜见对大本曲、吹吹腔和白剧信息资源建设的研究。

第四节　研究思路

本书拟在文献调查和实地调研的基础上，开展白族口承文艺非遗现状调查、白族口承文艺非遗信息资源建设总体思路、白族口承文艺非遗信息资源协同保障机制、白族口承文艺非遗信息资源建设的业务方法等方面的研究，总体来说可以将主要研究内容分为提出问题、分析问题、解决问题三个部分（如图1-3所示）。

（一）提出问题

本书通过实地调研和文献调研的方式对白族口承文艺非遗的源流、发展历史、表演、剧（曲）目、艺人、表演团体等方面进行全面调查，并基于政策文本分析对比田野调查基层实践的研究方法，分析白族口承文艺非遗保护与传承的应然与实然，鉴于当前白族口承文艺非遗保护面临的种种困境，以及白族口承文艺非遗信息资源建设不理想的原因，提出对白族口承文艺非遗进行信息资源建设的现实需求。

（二）分析问题

就白族口承文艺非遗信息资源建设的问题，本书按照"目标—途径"理论的一般逻辑，总结了白族口承文艺非遗信息资源建设要达到的目标，进而梳理出白族口承文艺非遗信息资源建设的总体思路，并引出了对理论

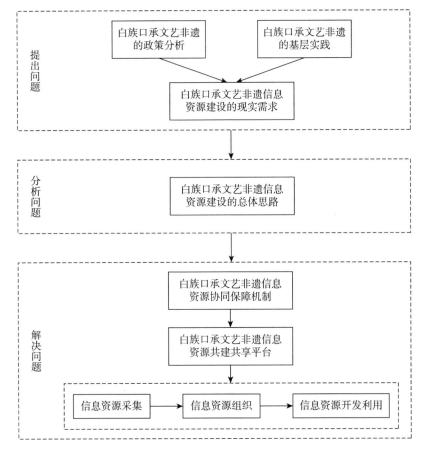

图 1-3　研究思路框架

基础、保障机制、主要抓手等问题的探讨和分析。

（三）解决问题

按照白族口承文艺非遗信息资源建设的总体思路，在解决问题部分，本书首先基于跨域合作与治理的 ISGPO 模型提出了构建白族口承文艺非遗信息资源协同保障机制；接着重点探讨了白族口承文艺非遗信息资源共建共享平台的建设思路，主要包括平台建设的原则、总体架构和运行机制等；然后讨论白族口承文艺非遗信息资源建设的业务方法，即白族口承文艺非遗信息资源采集、信息资源组织和信息资源开发利用等具体业务工作；最后介绍和分析了白族口承文艺非遗信息资源专题数据库的基本问题。

第二章

白族口承文艺非遗的基本情况

　　本书研究界定的白族口承文艺非遗主要包括大本曲、吹吹腔、白剧三种非遗项目。大本曲是白族地区历史最为悠久、流传最广的民间曲艺形式，是白族特有的一种民间曲艺形式，2006年大理市被认定为"白族大本曲之乡"，列入云南省第一批非遗保护名录，2011年白族大本曲被列入大理白族自治州州级非遗保护名录。吹吹腔是流行于大理地区的云龙、鹤庆、剑川、大理、洱源等地的白族传统戏剧，具有悠久历史和鲜明的艺术风格。吹吹腔是云南最古老的戏曲剧种之一，2006年云龙县作为"吹吹腔艺术之乡"被列入云南省第一批非遗保护名录。白剧是以吹吹腔为基础，吸收大本曲的音乐曲调，并吸收了其他白族民间音乐而形成的白族戏剧艺术，白剧的表演以吹吹腔的程式为基础，音乐上将吹吹腔和大本曲等白族民间音乐融为一体，1962年随着大理白族自治州白剧团的成立正式定名为"白剧"，2008年白剧被列入第二批国家级非遗名录。

　　总的来说吹吹腔和大本曲是白剧之源，现今三种非遗艺术并存发展，并在非遗保护与传承的总体框架下共同发展。白剧主要是由专业演出团体在正式的大舞台演出。大本曲和吹吹腔主要流行于民间，由民间艺人兼职表演。大本曲、吹吹腔、白剧三种非遗艺术的源流关系及发展概况如图2-1所示。中华人民共和国成立以前，大本曲和吹吹腔处于民间自然发展状态，发展较为缓慢。中华人民共和国成立以后，政府相关部门非常重视和支持发展民族艺术，大本曲和吹吹腔进入快速发展阶段，1962年以吹吹腔和大本曲为基础形成了白剧。"文革"期间，大本曲和吹吹腔被视为封建迷信，大理白族自治州白剧团也被撤销，三者都遭受了极大冲击，发展基本停滞。"文革"以后，各级政府部门积极牵头开展了一系列的针对大本曲、吹吹腔和白剧的抢救性保护工作，三者进入恢复发展阶段。进入21世纪以后，大本曲、吹吹腔和白剧的发展进入新局面，在非遗保护工作热潮的整体推动下，各级政府部门、文化事业单位、媒体机构都对三者给予了充分的关注和支持。可见，大本曲、吹吹腔、白剧有着紧密的源流关系，并在新中国成立后经历了大致相同的历史发展阶段，在现今三者并存发展的新局面下，为深入认识和研究三种非遗艺术，本章将在文献调查和田野调查的基础上分别系统介绍大本曲、吹吹腔和白剧的基本情况。

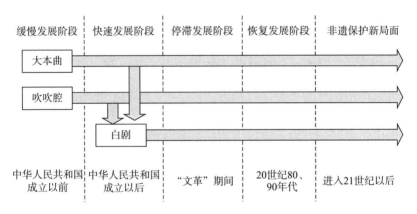

图2－1　大本曲、吹吹腔、白剧发展概况

第一节　大本曲的基本情况

一　大本曲的源流

白族大本曲是白族民间广为流传的一种说唱艺术，大本曲又名本子曲，顾名思义，专门演唱整本长篇故事，大本曲能演唱以各种人物、情节为内容的长篇故事，曲本多取材于汉族、白族历史上的重大事件和传说故事。大本曲的演出形式最早为一人说唱，一人弹三弦伴奏，后经历代艺人创新增添了对唱、合唱等形式，增添了二胡、月琴等伴奏乐器，演唱者还增添了醒木、扇子和手帕等道具，唱词全用白语，中间的夹白和韵诗多用汉语。①

白族大本曲历史悠久，关于其产生的年代问题，学界有不同的观点，主要有唐代说、清代说、明代说等观点，至今尚无定论。持唐代说者，以早期大本曲的研究者徐嘉瑞为代表，他在《大理古代文化史稿》中认为大本曲起源于唐代，主要是依据《五代会要》中有《南诏上大唐皇帝舅书》附有转韵诗一章，诗 3 韵，共 10 联，类似"击筑词"。还有一些学者认为今天能够看到的最古老的曲本是清代的，所以大本曲应该产生于清代。更多的学者认为大本曲的起源年代是明代，张文勋②认为由诗到曲艺有一个历史发展过程，诗的出现并不代表曲艺的产生，结合明代《山花碑》等白文碑的碑文"三七一五"的格式及山花体诗文的盛行，在明代已经有大本曲则是比较可信的论断。另外杨政业主编的《大本曲简志》也认为大本曲产生于明代，董秀团的《白族大本曲研究》③认为除了在明代大本曲所运用的格式——山花体已经成熟、流行外，还有一些社会文化方面的历史证据可以支持明代说：其一，明代大理地区的社会有了较大的变化，农业、手工业、商品经济的进步为戏曲、曲艺活动的产生和发展奠定了社会经济基础，汉文化的输入、知识分子的角色转变、村落的发展等都促进了大本曲的发展；其二，明代是中原地区曲艺、戏曲开始发展、流行的重要时期，大本曲产生于这样的时代具有大环境因素；其三，明代云南地区外来声腔的传入和当地戏曲活动的兴盛都是有迹可循的；其四，明代是叙事长诗兴盛的时代，而大本曲的产生与此有极大的关联。

中华人民共和国成立以后到"文革"前大本曲进入快速发展阶段，各级政府十分重视民族民间文艺，人们喜闻乐见的大本曲表演在白族民间十分活跃，现今看到的很多艺人的曲本都是抄于这个时期。这一时期也涌现了一些大本曲的大师级人物，南腔的杨汉先生、北腔的黑明星先生、海东腔的李明璋先生分别是大本曲"三腔"的代表性人物，据说李明璋还创下

---

① 《大本曲》，百度百科，https://baike.baidu.com/item/%E5%A4%A7%E6%9C%AC%E6%9B%B2/6048771? fr = aladdin，2019 年 8 月 16 日。
② 张文勋主编《白族文学史》（修订版），云南人民出版社，1983，第 314 页。
③ 董秀团：《白族大本曲研究》，中国社会科学出版社，2011，第 29～30 页。

了一年演唱 280 多场的纪录。每逢过节，各村寨都要请艺人弹唱大本曲，尤其是到春节、火把节、三月街等重要节日还要预约、排队，可见当时大本曲在白族民间的兴盛景象，曲目方面除了传统曲目以外，这一时期也创作出了很多反映合作社和生产劳动题材的新曲目，小邑庄女演员杜得平出席北京"全国曲艺汇演大会"，演出大本曲《灯塔》并得到了周恩来总理的亲切接见。① 大本曲不但在民间发展兴盛，20 世纪 50 年代末 60 年代初融合了大本曲的音乐和吹吹腔的表演的白剧产生，将大本曲艺术搬上了大舞台，大理白族自治州白剧团也于 1962 年在大理市下关成立，大本曲著名艺人杨汉等还被邀请到大理州白剧团担任教员，大理州白剧团也对一些传统曲目进行了现代戏的移植创新。②

"文革"期间大本曲被认为是封建迷信，受到了较大的冲击，大量曲本被烧，演出道具被毁，很多艺人都受到了迫害，大本曲表演也基本停滞。老艺人杨汉先生被扣上"封资修文化代表""反动学术权威""文艺黑线人物"等帽子，被关在大理白族自治州白剧团一间潮湿的屋子里，当时他的全部工作就是写检查和喂猪，被命令不准接触大本曲。③ 据著名艺人赵丕鼎回忆："1964 年，我正式独立登台表演，没唱多久，1965 年后，受文革影响，100 多部剧本都被烧了，唱就更加别想了。当时在村子里唱着，台底下老老少少坐满了人。武装部部长跑到台上来了，揪着我的头发，把我的曲本都没收了，底下好多人都看着，当时那个心里真不好受。后来，多亏有几个老妈妈（方言：老年妇女）帮我把没收的唱本给偷偷拿了回来，当时还是有很多人支持的。十一届三中全会召开后，大本曲才又得以恢复。当时到处借抄剧本，最后恢复了 80 多部已被烧掉的曲本。那些都是我的宝贝啊！"④

"文革"以后，各级政府部门也牵头组织了一系列的针对大本曲的抢救性保护工作，大理州白剧团也于 1978 年重建，创作了大批新剧目，编演

① 大理白族自治州文化局编《白族大本曲音乐》，云南人民出版社，1986，第 254 页。
② 董秀团：《学术史视界中的白族大本曲》，《思想战线》2004 年第 4 期。
③ 李晴海主编《白族歌手杨汉与大本曲艺术——杨汉先生诞辰 105 周年纪念文集》，远方出版社，2000，第 8 页。
④ 赵芳、刘瑜澍：《赵丕鼎："大本曲是我的全部"》，《今日民族》2013 年第 12 期。

的《望夫云》《苍山会盟》等曲目还到北京演出。1979 年大理文化馆邀请了南腔艺人杨汉、北腔艺人黑明星和海东腔艺人杨志龙对大本曲的传统唱腔和曲目进行了录音和记录①，在此基础上出版了《白族大本曲音乐》一书。1981 年召开了大本曲工作者代表会，并选举产生了大理白族自治州大本曲协会理事会。② 1987 年大理州文化局组织相关人员，录制《白族乡音》录音带一、二、三辑。20 世纪 90 年代，赵丕鼎等人还录制了大本曲的 VCD 投放市场③，直到今天音像店还可以买到著名艺人演唱的大本曲的光盘。1997 年根据联合国教科文组织和中国民间文艺家协会的合作协议，抽调了中国民间文艺家协会、云南民间文艺家协会、大理州文化局、大理市文化局的一些专家和工作人员，组成 16 人的大本曲说唱故事考察组，对大本曲进行了 16 天的考察，对艺人进行了采访、录音、录像等，考察后云南省社科院李缵绪撰写了《云南省大理白族地区大本曲说唱故事考察报告》；联合国教科文组织的此次关注，引起了各级文化部门对大本曲的重视，考察期间专家提出的在大理电视台开辟大本曲专栏、举办大本曲培训班等工作都在几年后相继实施。④ 此外，如前文综述中所述，这一时期还涌现了一大批关于大本曲的论著，对大本曲的传承和发展起到了明显的促进作用。

进入 21 世纪以后，大本曲的发展出现了新局面，在非遗保护工作热潮的整体推动下，大本曲的发展得到了社会各界的高度关注，各级政府部门、文化事业单位、媒体机构都给予了充分的关注，有关政府部门给大本曲和大本曲艺人命名，如 2006 年以大本曲作为音乐组成的民俗活动"白族绕三灵"被认定为国家级非遗项目；2006 年大理市被认定为"白族大本曲之乡"，列入云南省第一批非遗保护名录；2008 年充分吸收了大本曲唱腔的白剧入选第二批国家级非遗名录；2011 年白族大本曲被列入大理白族

① 董秀团：《学术史视界中的白族大本曲》，《思想战线》2004 年第 4 期。
② 赵砚秋：《白族大本曲进入中学音乐教育的可行性研究——以大理州永平县一中为例》，硕士学位论文，云南师范大学，2016，第 7 页。
③ 赵砚秋：《白族大本曲进入中学音乐教育的可行性研究——以大理州永平县一中为例》，硕士学位论文，云南师范大学，2016，第 7 页
④ 董秀团：《白族大本曲研究》，中国社会科学出版社，2011，第 9 页。

自治州州级非遗保护名录；北腔艺人赵丕鼎于 2008 年被命名为国家级非遗传承人，还先后被授予"云南省民族民间音乐师""大理州民间艺术大师"等称号；① 杨振华、杨兴廷、段凤清、张亚辉、刘沛、李丽等被认定为云南省省级非遗传承人；赵冬梅、杨美华、张国兴、杨现平等被认定为大理白族自治州州级非遗传承人。关于大本曲的研究也日趋全面和深入，前文所介绍的《大本曲简志》《大本曲览胜》《白族大本曲研究》等论著都对大本曲的保护、传承和发展具有重要学术价值和实践价值。现代信息技术逐渐成为扩大大本曲传播和传承的重要力量，一些大本曲曲目还被录制成电视节目在电视台播放，还有大量的光盘出版发行，当今互联网正在成为大本曲传播的重要平台。尽管大本曲的发展受到了当今社会各界的重视，现代信息技术为大本曲的发展起到了促进作用，但大本曲的发展也受到了现代文化的强烈冲击，大本曲正面临着观众老龄化的问题，现今年轻人受电影、电视、电子游戏等新娱乐内容的吸引，对大本曲不感兴趣，愿意学习大本曲的年轻人就更少，就连很多知名艺人的子女都不愿意承袭大本曲，因此白族大本曲这门艺术在当今信息社会、互联网时代的保护和传承问题亟待解决。

二 大本曲的唱腔

白族大本曲从格式上说，采用的是"七七七五"的白族山花体格式，即前三句为七个字，第四句为五个字，此外，还有"三五二七""五五一七"的格式。大本曲是说与唱的结合，曲本散韵相间，汉白相杂，道白是散文形式，唱词为韵文形式。② 很多大本曲艺人的手抄曲本会标明哪些部分用白语，哪些部分用汉语，哪些段落是唱，哪些段落是说，并通过自己能识别的符号断句，如图 2－2 所示为艺人赵冬梅的手抄曲本。大本曲根据白语的音韵特点，一般使用四个韵，即"花上花""油鲁油""捞里捞""翠幽幽"四大韵。③

---

① 赵芳、刘瑜澍：《赵丕鼎："大本曲是我的全部"》，《今日民族》2013 年第 12 期。
② 董秀团：《白族大本曲研究》，中国社会科学出版社，2011，第 114 页。
③ 禾雨记译《大本曲音乐》，云南人民出版社，1958，前言第 5 页。

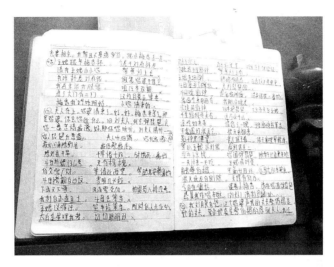

图 2 - 2　云南省省级非遗传承人赵冬梅的手抄曲本

资料来源：笔者 2014 年摄于大理古城赵冬梅家中。

关于白族大本曲唱腔，现在一般的说法有"三腔九板十八调"之说，"三腔"指三个艺术流派——南腔、北腔和海东腔，事实上关于"三腔"的概念有不同的观点，杨汉先生认为"三腔"主要指定弦的中、高、低，这种观点主要是从音乐艺术的角度根据每种板式的三种唱法来划分的，相对比较专业。黑明星先生认为"三腔"指南腔、北腔和海东腔，这种观点主要是从地域来划分的，是以大理古城为中心，古城以北的叫北腔，古城以南的叫南腔，海东指与大理古城隔洱海相望的海东片区，这种观点与现在的一般说法吻合，也为更多人所知道。

根据 1958 年出版的《大本曲音乐》记载，杨汉先生说，南腔的九板指九种主要唱腔，包括黑净板、提水板、大哭板、小哭板、边板、平板、高腔、路路板、阴阳板，十八调是螃蟹调、老麻雀调、祭奠调、新麻雀调、放羊调、花谱调、家谱调、琵琶调、花子调、道情调、上坟调、血河池（玉河池）①、阴阳调、起经大会调、拜佛调（又名仙家乐）②、思乡调、问魂调、

---

① 1958 年版《大本曲音乐》记为"血河池"，云南人民出版社 1986 年版《白族大本曲音乐》记为"玉河池"。

② 1958 年版《大本曲音乐》记为"拜佛调"，云南民族出版社 1986 年版《白族大本曲音乐》记为"仙家乐（又名拜佛调）"，云南人民出版社 1986 年版《白族大本曲音乐》记为"仙家乐"。

蜂采蜜。据黑明星先生说，北腔的九板指高腔、提水板、大哭板、小哭板、正板、平板、阴阳板、一字板、二流板，十三腔（有十三调的意思）指螃蟹调、麻雀调、打渔调、家谱调、放羊调、数花名、莲花落、琵琶调、对经调、问魂调、验伤调、翠池莲（又名过山调）、反调。① 1986 年云南人民出版社出版的《白族大本曲音乐》② 对南腔、北腔、海东腔的唱腔做了更为详细的记录，其中除记录了南腔的"九板十八调"外还分别记录了平板的四种唱法，对北腔的唱腔记录则更为详细，有 21 种唱腔，且每种唱腔的不同唱法也都有记录，另外还对三弦曲前奏的大摆三台和小摆三台进行了记录和介绍。

海东腔，据说过去兴盛过，但在新中国成立以前已经失传，到 20 世纪 60 年代，出现了代表性艺人李明璋，在其演唱中吸收和融合了南北腔的一些特点③，同时也将大理民间小调、"十二属"、"拳调"、"剑川白曲"和"泥鳅调"引入大本曲，对大本曲的创新做出了一定贡献。④ 海东腔的唱腔在最早的 1958 年出版的《大本曲音乐》中没有记载，1986 年出版的两本《白族大本曲音乐》中都记录了海东腔的唱腔有：正板、大哭板、小哭板、大白曲、莲花落、麻雀调、螃蟹调。

就传统的演唱风格而言，"三腔"略有不同。南腔委婉细腻；北腔高亢有力；海东腔过门少、叙事快，表演方面有一些创新，演唱中离开桌椅、增加道具和动作⑤，表演形式更丰富，更容易跟舞台表演相结合。笔者的实地调研经历也印证了这一点，2014 年和 2016 年笔者在采访北腔代表艺人赵丕鼎和赵冬梅时，多次实地观看他们在大理古城蒋公祠的大本曲表演。表演主要采用传统方式，一人演唱、一人弹奏，桌椅、曲本、扇子、醒木、手帕是主要道具，伴奏主要靠一把三弦（图 2－3、图 2－4 所示分别为大本曲著名艺人赵丕鼎、赵冬梅在大理古城蒋公祠内为游客演唱

① 1958 年版《大本曲音乐》没有记录"反调"，标明"还有一调不详"，云南民族出版社 1986 年版《白族大本曲音乐》记录了"反调"。
② 大理州白族自治州文化局编《白族大本曲音乐》，云南人民出版社，1986，第 1 页。
③ 董秀团：《白族大本曲研究》，中国社会科学出版社，2011，第 117 页。
④ 赵砚秋：《白族大本曲进入中学音乐教育的可行性研究——以大理州永平县一中为例》，硕士学位论文，云南师范大学，2016，第 6 页。
⑤ 董秀团：《白族大本曲研究》，中国社会科学出版社，2011，第 118 页。

大本曲）。2016 年笔者采访了海东腔艺人李丽（海东腔代表艺人李明璋的女儿），实地观看了她在金梭岛旅游景点的表演。表演脱离了桌椅，增加了更多的舞台化动作，这种表演更容易受到现代游客的喜爱（图 2-5 所示为大本曲著名艺人李丽在大理海东金梭岛为游客演唱大本曲）。在调研中笔者还跟随李丽参观了景点在溶洞中新搭建的舞台，声、光、电等舞台效果更为绚丽，他们的表演还加入了音乐、灯光、伴舞、道具等元素，这样的表演形式更能吸引外来游客的眼球。

伴随着大本曲的发展和演变，近些年大本曲三个流派的区分界限越来越模糊，虽然有些老艺人能清楚地区分这三个流派的不同，但是如今实际上三个流派正在逐渐融合，没有特别清晰的界限。赵砚秋认为主要原因有二：其一，由大本曲特殊的传承方式所决定，大本曲的唱腔和唱法都是由老艺人们口传心授来传承的，随着大本曲老艺人的去世，大本曲新人的缺乏，很多传统的唱法或者曲调都没人会唱了，这是导致三腔界限模糊最大的原因；其二，大本曲受现代文化的冲击，丰富多彩的现代娱乐方式更能吸引年轻人，古老的大本曲很难引起年轻人的共鸣，正逐渐走向衰落。①

图 2-3 国家级非遗传承人赵丕鼎（左）演唱大本曲

资料来源：笔者 2014 年摄于大理古城蒋公祠。

---

① 赵砚秋：《白族大本曲进入中学音乐教育的可行性研究——以大理州永平县一中为例》，硕士学位论文，云南师范大学，2016，第 8 页。

图 2-4 云南省省级非遗传承人赵冬梅（左）演唱大本曲
资料来源：笔者 2014 年摄于大理古城蒋公祠。

图 2-5 云南省省级非遗传承人李丽（左）演唱大本曲
资料来源：笔者 2016 年摄于大理海东金梭岛景区。

三 大本曲的曲目

白族大本曲的传统曲目大多都是由汉族的民间故事、传说和戏曲等改编过来的，"三腔"的表演曲目从内容上看没有明显区别，很多曲目都是相同的。大本曲的曲本大多是手抄本，尤其是传统曲目基本都是艺人手抄记录的。关于大本曲的曲目数量，白族民间流传着大本曲有"三十六大本，七十二小本"[1] 的说法，一般认为这只是个概数的说法，并没有经过

---

[1] 董秀团：《白族大本曲研究》，中国社会科学出版社，2011，第119页。

实际考证。《大本曲音乐》和《白族大本曲音乐》等早期研究大本曲的论著并没有对大本曲的曲目进行考证和记录。最早对大本曲的曲目进行考证的当属张文勋主编的《白族文学史》（修订版），认为大本曲的传统曲目有116本。由李缵绪撰写的《云南省大理白族地区大本曲说唱故事考察报告》指出当时在民间流传的曲本有121个。2003年出版的杨政业主编的《大本曲简志》指出大本曲曲目已达148个，这些曲目中保存有唱本的有82个，只有曲名没有唱本的有66个。距今最近的对曲目进行详细考证的当属董秀团的《白族大本曲研究》一书，书中对《白族文学史》《大本曲简志》《云南省大理白族地区大本曲说唱故事考察报告》记载的大本曲的传统曲目进行了细致对比，归纳出了三处记载的相同曲目和相异曲目，再除去一些重复曲目，认为《大本曲简志》中记载的可信的曲目应该是134个。以上这些曲目的数量考证主要指传统曲目，不包括中华人民共和国成立以后艺人们创作的新曲目。在实地调研中，一方面由于笔者调研能力有限，未能拜访所有大本曲艺人，另一方面由于一些艺人不愿意将手中曲本尽数示人，因此笔者很遗憾没有能够看到以上著作统计的所有传统的大本曲曲本，只在赵丕鼎、赵冬梅、李丽、戴四达等艺人处看到了一部分传统曲目的曲本，有50多本，其中有一些是不同艺人抄录的同一曲目，有一些是同一人不同时期抄录的同一曲目，详见表2-1。这些大本曲曲本中有极少一部分保存较好，大部分保存情况很不乐观，图2-6所示为笔者实地调研中在大理古城蒋公祠内非遗博物馆中见到的赵丕鼎抄录的部分传统曲本，可能是由于展览的原因，保存装裱得比较好。而大多数曲本破损、污浊、虫蛀、鼠咬情况较严重，保存状况极不乐观（如图2-7所示）。

表2-1　笔者实地调研见到的传统大本曲曲本

抄录者	曲本名录	收藏人
赵丕鼎	《蝴蝶泉记》、《东吴招亲》、《张忠认亲》、《张梅英寻夫》、《牛郎织女》、《蔡状元修洛阳桥》、《孟宗哭竹》、《张四姐大闹东京》（又名《张四姐配崔文顺》）、《卖花记》、《黄氏女对经刚》、《铡美案》、《云中落绣鞋》（又名《樵凤配》《斩白蛇》）	赵丕鼎、赵冬梅、赵福坤

续表

抄录者	曲本名录	收藏人
李明璋	《血疾仇》《望夫云》《宝串珠》《赵五娘寻夫》《秦香莲》《火烧白雀寺》《张四姐下凡》《墙头记》《张元庆敬宝》《血汗衫：火烧磨房》《烂季子会大哥》《梁山伯与祝英台：英台抗婚》《梁山伯与祝英台：三妻两状元》《卖花记（上）：卖花》《卖花记（下）：斩王强》	李丽
戴四达	《陈光远上任胡州府》《黄氏游十殿》《蟒蛇记》《酒醉失妻》《双槐树》《双钉记》《富罗白寻母》《辽东记》《梁山伯与祝英台上集》《白扇记》《香莲创宫（铡美案）》《丁郎刻木》《王素珍串灯》《火烧磨房》《卖花记》《四下河南》《柳荫记》《磨房记》《五娘寻夫》《天仙配》《王石朋祭江》《凤凰记》。	戴四达
张以仁	《香山还愿》	
沈来忠	《张元庆近（敬）宝》《张四姐下凡》《孟忠哭竹》《韩顺龙退亲》	

注：另外笔者还见到一本曲本，据收藏者戴四达说该本曲本是清朝的，但封面、封底都已经不在，仅有中间部分，无法考证其成书日期。

图 2-6 保存状况较好的大本曲曲本

资料来源：笔者 2014 年摄于大理古城蒋公祠非遗博物馆。

除了传统曲目以外，中华人民共和国成立以后，大本曲艺人们根据现实生活和故事创作了大量现代曲目，这些曲目紧扣社会和时代的脉搏来书写，如杨汉的《社会主义好》《大理好风光》《农业纲要四十条》《大兴水利》；杨益的《苍洱换新天》《老树新花》《蝶泉儿女》《称心如意》《怎么谈不拢》《满山飞》《退表》《苍洱风光》《八十年代新苍洱》《量体裁衣》

图 2 - 7　保存状况较差的大本曲曲本

资料来源：笔者 2014 年、2016 年摄于大理古城蒋公祠非遗博物馆以及戴四达、李丽家中。

《寻针》等。杨政业主编的《大本曲简志》列出了中华人民共和国成立以来的艺人和文艺工作者创作和移植的 42 个新编曲目，李缵绪撰写的《云南省大理白族地区大本曲说唱故事考察报告》中也列出了《翻身记》《恩仇难忘》等 39 个新编曲目。[①]

　　除以上论著中提及的新编曲目外，笔者实地调研中在赵丕鼎和李丽家中还见到了一些新编曲目，尤其是赵丕鼎先生创作的新曲目，据不完全统计就有 70 多个（详见表 2 - 2）。这些曲目的题材或是宣传党和政府的方针政策，或是歌颂家乡美景，或是歌颂国家大事，都是传递社会正能量的，而且曲目创作紧跟时事，非常贴近现实。这些新编曲目区别于传统的大本曲，大多都是一些比较短的曲目，曲本除了一部分是传统的手写稿外，还有很大一部分是打印稿，主要是赵丕鼎先生的儿子赵福坤帮助录入和打印的，近年来赵丕鼎、赵福坤、赵冬梅三人已经基本形成家族式的大本曲创作和表演团队，也成为当今大本曲新曲目最高产的团队。

---

　　① 董秀团：《白族大本曲研究》，中国社会科学出版社，2011，第 136 页。

表 2 - 2　笔者实地调研见到的新编大本曲曲目

作者	曲本名录*	收藏人
赵丕鼎 赵福坤 赵冬梅	《习总书记到农家》《和谐团结绘江山》《党政颂谋福祉》《歌唱改革开放三十周年》《保持共产党员先进性》《廉政文化进万家》《十七大精神永放光辉》《扎实学习江泽民文选》《勾画蓝图美白乡》《苍为屏海作镜》《靓丽美境景上花》《环境优美林中村》《百鸟歌唱渔火欢》《颐享千年大理人》《田园风光靓白乡》《天蓝海清天更绿》《妖娆大理胜苏杭》《金花阿鹏争奉献》《三中全会铸辉煌》《深化改革宏图展》《树立社会主义荣辱观》《纪念邓小平出生一百周年》《南诏古乡展新□》《桥头堡建口一家》《四项制度》《扎实的科学发展观》《伟大的里程碑（建党八十周年）》《歌唱社会主义新农村》《祖国在我心中》《欢庆奥运会》《献给大理人代会》《喜庆两会召开》《献给第四届残代会》《献给州人代会》《喜庆茶花兰花博览会》《向普发光学习》《向□□□□学习》《党旗永远飘扬》《游大理风情》《和谐大理美如画》《火把节□□□严防火灾》《众志成城防火灾》《生态农业好》《反对邪教》《风光大道似锦上添花》《十八大精神永铸辉煌》《父女游喜洲》《苍山呼唤　还原生态》《保护洱海》《母亲湖的呼唤》《爱我大理锦绣》《海鸥与白姑》《保护海西田园风光》《残疾人心中的歌》《贺新农合》《只生一个好》《农业普查好》《创建平安社》《全员参与　严防火灾》《文明交通》《劝君莫赌》《长效机制保环境》《诚信纳税　构建和谐社会》《绕三灵》《欢庆九九重阳节》《新年贺词》《教育实践活动就是好》《昔日洱海》《祝贺词》《关爱生命，预防艾滋》《祖国在腾飞》《靓丽景田园风光》《□□神州世无双》《任重道远两保护》《订下千秋晚年椿》《大理自古文明邦》《风花雪月影更佳》	赵丕鼎 赵福坤 赵冬梅
李明璋	《西门豹》《战斗里成长》《巧劝妈妈》《接姑娘》《智取威虎山》	李丽
张亚辉	《社会主义好》《计划生育好》《新农村建设》《科学发展铸辉煌》《我提倡晚婚》	张亚辉

注：一些手抄曲本的曲目名由于笔者无法辨认是什么字，故用"□"代替。

　　大本曲的传统曲目的曲本多用白棉纸抄写，白棉纸对折后于右侧装订，曲本宽度为 14 厘米左右，高度为 25 厘米左右，其内竖行抄写，朱笔圈点，圈点主要是起到断句的作用，还用波浪线标明汉白夹杂的语句。[①] 20 世纪 50 年代以后，曲本材质发生了变化，开始用白纸抄写，有些艺人用信笺纸、练习本，甚至用账本抄写。另外改为左侧装订，还有在顶部装订的。抄写的方式也发生了变化，横写抄录的曲本越来越多，现在还出现

---

① 董秀团：《白族大本曲研究》，中国社会科学出版社，2011，第 222 页。

了大量打印稿。艺人的标记方式也各有不同，没有统一规范的标准，全凭个人的喜好和习惯。据艺人赵冬梅解释，她的曲本中下划线代表要翻译成白语演唱，圈中的文字代表白语中没有词发音的字，没有下划线的代表要用汉语演唱的部分，"×"代表落（一段唱完），句号代表一句唱词结束。图2-8所示为不同时代、不同抄写方式和不同装订方式的曲本。

图2-8　不同形式的大本曲曲本

资料来源：笔者2014年、2016年摄于赵冬梅、戴四达、李丽家中。

四　大本曲的艺人

非遗必须依托传承人才能实现世代相传，白族大本曲的传承和传播主要依靠艺人来完成，在大本曲的传承和发展过程中，艺人发挥的作用举足轻重。董秀团认为，大量职业、半职业的艺人的出现才代表着大本曲的逐渐成熟，同时意味着大本曲娱乐消费的出现，也只有职业、半职业的艺人才有时间和精力将许多汉族故事改编和移植为大本曲的曲目。[①] 另外大本

———————

① 董秀团：《白族大本曲研究》，中国社会科学出版社，2011，第206页。

曲本身的一些特点决定了大本曲必须要由专门的人来表演：一方面，大本曲的唱腔丰富，变化较多，没有经过专业训练的人不易掌握；另一方面，大本曲的唱本均为长篇大本，需要用汉字抄写，并要移植和改编汉族故事和戏曲，这需要有一定文化水平的人才能胜任。事实上，无论是过去还是现在，全职从事大本曲表演的艺人较少，多数大本曲艺人都是半职业的状态，他们除了从事大本曲表演外还从事农业生产和做生意等。

（一）老一辈大本曲艺人概况及其传承方式

艺人在大本曲长期的传承、传播和发展过程中发挥着重要的作用，可以说有了大本曲便有了艺人，但有文献记载的大本曲的最早的知名艺人是被称为"南腔祖师"的杨旺，即杨汉先生的师父[1]，另外还有一位有较高大本曲演唱水平的艺人杨渭[2]，但文献记载中对他只是一般性提及，并未做太多的介绍。其后在大本曲流传地区有较大影响力的老一辈艺人主要有杨汉、黑明星、杨益、李明璋、杨绍仁、张李仁等，董秀团对老一辈艺人的情况做了较为详细的统计（如表2-3所示），老一辈艺人中杨汉、黑明星、李明璋分别被认为是南腔、北腔、海东腔的代表性艺人，今天我们看到的多数传统大本曲的唱腔和曲目都是由这些老一辈艺人演唱记录和传承下来的，他们对大本曲的表演、创作和人才培养做出了重要贡献，在大本曲的传承和发展过程中发挥了重要作用。

表2-3 老一辈大本曲艺人情况统计

姓名	性别	生卒年	住址	备注
杨汉	男	1894～1984	大理市七里桥镇大庄村	南腔代表，被誉为"苍洱第一人"，1956年到北京参加"全国音乐周"演出
杨绍仁	男	1905～1973	大理市喜洲镇仁里邑村	1960年出席全国第三次文代会后到北京参加"全国少数民族群众业余艺术观摩演出大会"

---

[1] 李晴海主编《白族歌手杨汉与大本曲艺术——杨汉先生诞辰105周年纪念文集》，远方出版社，2000，第9页。

[2] 李晴海主编《白族歌手杨汉与大本曲艺术——杨汉先生诞辰105周年纪念文集》，远方出版社，2000，第9、27页。

续表

姓名	性别	生卒年	住址	备注
张李仁	男	1908 ~ 1983	生于大理市七里桥镇罗久邑村，后上门到北乡	著名大本曲三弦手
杨益	男	1914 ~ 1997	大理市大理镇上鸡邑村	被誉为"大本曲不老常青树"，创作了较多的大本曲作品
黑明星	男	1921 ~ 1997	大理市湾桥镇下湾桥村	北腔代表，被誉为"白云峰下画眉鸟"，1979 年出席"全国少数民族民间歌手诗人座谈会"，被授予"白族歌手"称号
李明璋	男	1936 ~ 1985	大理市海东镇名庄村	海东腔代表，1964 年到北京参加全国少数民族文艺会演
赵玉珍	女	不详	大理市七里桥镇	大本曲三弦手，是 1958 年出版的《大本曲音乐》一书的演奏者
段才旺	男	不详	大理市喜洲镇	大本曲三弦手，1958 年到北京参加"全国曲艺汇演大会"

资料来源：董秀团《白族大本曲研究》，中国社会科学出版社，2011，第 209 页。

白族大本曲传承的主体是艺人，艺人承袭大本曲的方式主要是师徒式传承、家族式传承、自学式传承和艺人之间的交流等方式①，这几种方式也是大多数非遗的主要传承方式。

其一，师徒式传承。由于大本曲的唱腔表演、曲本创作、三弦弹奏具有一定的专业性，因此拜师学艺、师徒传承应该是学习大本曲技艺最传统的方式。旧社会徒弟拜师要举行正式的拜师仪式，行拜师大礼，并且要在师父家干家务和农活，学艺过程比较艰辛和漫长，杨汉、黑明星等老一辈艺人很多都是通过拜师学艺的方式学习大本曲的。中华人民共和国成立以后，师徒传承方式仍然比较普遍，但拜师方式和教徒方法都有了较大的改变，杨汉、杨益等老艺人教授了很多徒弟，培养了沈来忠、杨洪英、杨雪英、杨月明、赵履珠、周黎等一批人才。

其二，家族式传承。大本曲的家族式传承是老一辈艺人把大本曲表演技艺传给后辈子孙，这种情况在大本曲的传承中也是较为多见的。杨汉先生的儿子杨兴廷就是在家庭中耳濡目染学习并掌握了大本曲表演技艺，并成为省级非遗传承人的；李丽从小就跟随父亲李明璋学习和表演大本曲，

① 董秀团：《白族大本曲研究》，中国社会科学出版社，2011，第 225 ~ 227 页。

并成为省级非遗传承人；赵丕鼎的女儿赵冬梅也是在父亲影响下学习和成长的，逐渐成为当今大本曲舞台上的中坚力量，并成为省级非遗传承人。

其三，自学式传承。老一辈艺人没有经过正式的拜师学艺，靠观看别人表演自学成才的也很多，赵丕鼎、杨振华、奚志南等知名艺人都是这样，通过模仿和自己揣摩学习大本曲，艺人李明璋更是通过自学、借鉴和创新将失传多年的海东腔重新发扬光大，自成一派。

其四，艺人之间的交流。艺人之间的交流也是大本曲得以传承和传播的一种方式和渠道，这种交流主要是通过艺人之间的技艺切磋和相互学习来增进大本曲的表演技艺，自学成才的很多艺人虽没有进行正式的拜师，其实也都有向前辈请教、交流技艺的行为。另外艺人之间相互借阅、抄录大本曲曲本的行为其实也是艺人之间的一种交流和学习。

（二）当今大本曲艺人现状及其传承方式

随着时代的变迁，白族大本曲的发展有过辉煌也经历过低谷，直到今天仍然有一批大本曲艺人活跃在舞台上，他们是大本曲舞台的中坚力量，面临社会各界广泛关注非遗的重要历史机遇，这些艺人也在尽自己的力量积极参与大本曲的保护和传承工作。董秀团所做调查统计表明，目前仍有演艺活动的、比较活跃的大本曲艺人主要有刘沛、赵丕鼎、杨振华、杨兴廷、杨学智、董学飞、奚志南、段凤清、杨嘉元、李丽、王祥；现有活跃的艺人当中男性占大多数，女性较少；从年龄结构来看，老龄化较严重，50 岁以上的艺人占 95%。① 笔者在实地调研中也确实感受到了以上所述几方面的现实情况，但目前的状况也在发生着一些细微的变化，并出现了一些好的苗头，在此做以下几点补充。

其一，当前活跃的大本曲艺人除了上述几位知名艺人以外，还有赵丕鼎的女儿赵冬梅、儿子赵福坤，三弦艺人张亚辉，民间艺人戴四达等，都是非常活跃的艺人，并在业内有较高知名度。

近年来赵冬梅已经逐渐成为当今大本曲舞台上的中坚力量，其家族是大本曲世家。赵冬梅（父亲赵丕鼎）说，他们一家传至她已经是第四代唱

---

① 董秀团：《白族大本曲研究》，中国社会科学出版社，2011，第 239 页。

大本曲了，目前他们一家——父亲（赵丕鼎）、弟弟（赵福坤）、大伯、侄儿都在表演。她的固定表演主要是每天上午在大理古城蒋公祠即大理市非物质文化遗产博物馆演唱大本曲，观众主要是游客，每周五晚上都在大理古城电影院唱，观众主要是当地居民。每逢白族重要节庆和村民家中办红白喜事，还有多场表演。此外还经常参加大理市、大理白族自治州、昆明市、云南省等地方政府组织的演出，她经常被邀请到贵州、湖南、湖北等省的白族地区去教授大本曲表演技艺。据赵冬梅说，她一年有300多场演出。2019年她被认定为第六批省级非遗传承人；她还是大理白族自治州州人大代表，2012年6月被邀请参加第二届巴黎中国曲艺节，她表演的《麻雀调》获得银奖，后被云南省文联授予云南文艺基金贡献奖。赵丕鼎的儿子赵福坤主要参与赵丕鼎的大本曲创新曲目的创作和编写，并参演一些家族编排和表演的大本曲节目，还对赵丕鼎的大本曲曲本、曲目进行保管、分类、存档、数字化处理。

张亚辉，云南省省级民族民间音乐师傅，15岁学弹三弦，后拜黑明星大师学习大本曲演唱，形成了自己一人弹、唱、演的技巧，现在主要的固定演出地点是蝴蝶泉景区，还主持大理市湾桥镇云峰村的"湾桥大本曲文化传习所"；他授徒已有20多年，教授过的学员有2000多人，还曾经到昆明安宁市太平镇授课教徒；此外还办了大理州白族大本曲三弦培训学校。

戴四达，他不但南腔、北腔、海东腔都会唱，而且对大本曲的历史文化有较深的研究，他认为大本曲至今应该有1300多年的历史了，大本曲的目的（初衷）是劝人为善，以前白族妇女不识字，其实是通过唱大本曲教育她们为人、做事的道理。虽然他的演出不多，但他抄录和收集的曲本很多，笔者调研中见到的就有几十本，还有学者将他列为第三代大本曲艺人中的南腔代表艺人。

其二，当今大本曲艺人中男性仍然占大多数，女性艺人较少，知名度较高的女性艺人主要是李丽和赵冬梅两位，而这两位也是由于出生于大本曲世家才学习大本曲的。值得注意的是，笔者调研中发现，无论是艺人们主持的大本曲传习所还是开办的大本曲培训班中都有很多女学员，这些女学员以农村务农的农民为主，她们通过学习大本曲可以掌握一门技艺，既是满足个人爱好也算是一个副业，多少能够赚点额外收入，同时也并不影响农业生产和其他活动。

其三，大本曲艺人老龄化的问题确实也是今天大本曲的发展面临的比较严峻问题，就拿当今最知名的大本曲艺人赵丕鼎来说，他出生于1942年，至2016年调研时已经74岁高龄了，虽然他还不断有新创作的大本曲问世，但毕竟年事已高，因此培养年轻一代艺人才是大本曲传承的关键所在，通过家庭培养，其女赵冬梅、其子赵福坤已经成为中坚力量，其孙子也掌握了三弦伴奏的技艺但暂时不打算承袭大本曲事业。另外赵丕鼎还在村中开办传习所免费教授大本曲，每年都开办免费培训班。此外艺人杨兴廷、张亚辉等也都在家中开办了大本曲培训班培养年轻一代艺人，使大本曲能够代代相传。

与老一辈艺人生活的社会时代相比，当今社会已经发生了天翻地覆的变化，大本曲的传承方式也在发生着明显的改变，主要表现在以下方面。

其一，师生式传承取代师徒式传承。现在年轻人专门向大本曲艺人拜师学艺的已经很少，多数年轻人都不愿意学习这门技艺。当今的多数艺人表示，只要有人愿意学习大本曲，他们都愿意教，可惜愿意学习的年轻人太少。今天虽然师徒式传承的方式已经较少见，但鉴于大本曲的专业性，必须要向前辈请教学习才能掌握相关技艺，老师讲授和演示的环节是必不可少的，这样现代教育中的师生式传承成为当今较为普遍的传承方式。大本曲的教育式传承主要是通过开办培训班、主持传习所以及参与中小学教育等多种途径开展，赵丕鼎、赵冬梅、张亚辉、杨兴廷都在家中或传习所开设了多种多样的培训课程，面向所有愿意学习大本曲的学员。赵丕鼎、赵冬梅开办的培训班甚至是免费的，不收取培训费，这样才能广泛地吸引学员，夯实大本曲的群众基础。在调研中还了解到，大理地区的一些中小学也邀请知名艺人到学校开展大本曲的教学活动，真正做到非遗的传承从娃娃抓起。例如笔者通过赵冬梅的微信朋友圈了解到，赵冬梅、赵丕鼎一家积极参与由大理州非遗中心主办的"非遗进校园活动"，定期深入学校表演和传授大本曲技艺，他们被聘为大理白族自治州喜洲镇作邑完全小学的校外辅导员。2017年4月"国家级非遗传承人赵丕鼎大本曲《保护洱海》进校园活动"在大理白族自治州喜洲镇作邑完全小学举行，赵丕鼎团队教授小学生学习其原创的大本曲《保护洱海》，既让孩子们了解了白族大本曲，也增强了他们的环保意识，此活动效果很好，值得广泛推广。2019 年 10 月 16 日赵冬梅到大理白族自治州喜洲镇作邑完全小学教授学生习唱由她创作的《白曲心·洱海情》《母亲湖的呼唤》《保护洱海》。

其二，家族式传承延续较为稳定。在今天愿意拜师学习大本曲的年轻人较少的情况下，家族式传承已经成为更为有效的传承大本曲的方式。目前家族式传承比较成功的主要是一些知名艺人的家族，典型的有赵丕鼎家族、李明璋家族和杨汉家族。赵丕鼎的家族式传承是比较好的，现今家庭成员参加大本曲表演的人有 6 人之多。李明璋家族现在的骨干是李丽，她承袭了其父李明璋的海东腔表演技艺，同时也在着力培养其女学习和承袭大本曲技艺。杨汉家族承袭比较成功的是其三儿子杨兴廷。

其三，自学式传承近乎绝迹。这种自学式的传承方式多见于老一辈艺人中，当今愿意学习大本曲的人本来就不多，自学式传承方式就更为少见。

其四，艺人之间的交流日趋频繁和多样化。当今大本曲艺人之间的交流方式更加多样化，除了私下的交流以外，官方组织的会议、演出、比赛、培训等方式为艺人之间的交流提供了更为频繁和多样化的机会。另外信息技术也让艺人之间的交流和学习更加便捷，电视台和音像出版公司为知名艺人录制了表演光盘、视频和电视节目，艺人们通过观看这些视频资料可以互相学习大本曲的表演技艺。此外艺人的个人自媒体也是非常好的学习大本曲技艺、关注大本曲传承的信息平台。笔者长期关注赵冬梅的个人微信，从中获得了很多有价值的关于大本曲保护和传承的信息资源，并通过微信平台向赵冬梅老师咨询和学习了很多相关知识，对撰写本书有较大帮助。

第二节　吹吹腔的基本情况

一　吹吹腔的源流

吹吹腔是流行于云南省云龙、鹤庆、剑川、大理、洱源等地区的白族传统戏剧，具有悠久历史和鲜明的艺术风格。吹吹腔是云南最古老的戏曲剧种之一，而对于吹吹腔的形成时期和历史源流，研究者们持不同的观点，至今还未形成一致意见。

　　云南省民族艺术研究所的黎方，在《白剧吹吹腔探源》一文中，认为"白剧吹吹腔的源头为安徽、湖广等地的吹腔和罗罗腔，由大西军于明末清初带入到云南，带入大理地区，同白族人民的生活、语言、艺术、宗教、习俗等相结合，并吸收了其他剧种的一些因素而逐渐形成，形成时期是清代康、雍年间（即清代中叶）"。云南白族戏剧家杨明认为吹吹腔源于古代的弋阳腔，其传入跟明朝初年大批的外来移民进入云南有关联，他在《白族吹吹腔传统与源流初探》中认为"白族吹吹腔的名称叫作吹腔，实际属于罗罗腔，原是出于弋阳系统"，"什么时候弋阳腔传入白族地区最有可靠性呢？我们认为当然是以明洪武年间最有可能"。他认为明王朝在大理地区实行军屯民屯，吹吹腔此时传入云南，是非常有可能的。在《大理州文化局赴江西等省探寻吹吹腔戏调查报告》中，江西省戏剧研究所的戏剧家流沙认为：吹吹腔的传统剧目中有比较多的宋朝开国皇帝赵匡胤的戏，弋阳腔没有这一类戏，而北方剧种都有。吹吹腔的剧本分场称为"折"，不称为"出"，这与西北剧种的称呼相同，与弋阳腔不同。吹吹腔是以唢呐伴奏，而以唢呐伴奏戏曲演唱是从西北剧种开始的。吹吹腔戏的脸谱与皮黄戏的脸谱接近，皮黄的脸谱来自北方梆子。因此吹吹腔戏是由一个大剧种连同一批剧目流传进大理地区后形成的，主要与明末清初在西北流行的"二句话腔"有关。①

　　云南戏剧家包钢在进行大量文献调查和实地调研的基础上撰写了《白族吹吹腔新探》一文，对以上几种关于吹吹腔源流的观点进行了考证，文中认为：其一，吹吹腔的来源不是弋阳腔。弋阳腔的唱腔结构沿袭南戏的曲牌联套体制，弋阳腔的最鲜明的特点是一人启口，众人接着合唱，即徒歌帮腔。白族吹吹腔相似于弋阳腔之处是徒歌，但没有一众合唱的帮腔，而是唢呐接着唱腔的尾音吹奏过门。吹吹腔的唱腔是"三七一五"的"山花体"结构，没有曲牌连套体的特点。其二，吹吹腔不同于吹腔。吹吹腔与吹腔只多了一个叠音字，许多人认为应该是属于吹腔系统中的一员。但是，吹腔是用笛子、箫管或唢呐托腔伴奏的。吹吹腔则是徒歌，唱时不伴奏，唱完一句才用唢呐奏过门，更无笛子、箫管等乐器。吹吹腔与吹腔虽

---

① 薛子言、薛雁：《白族吹吹腔》，《中华艺术论丛》2009 年第 1 期。

然名字相似，却无直接联系。其三，吹吹腔的来源是罗罗腔。罗罗腔有一大类腔调称为"娃子"，主要乐器是唢呐，演员在演唱时是徒歌，没有帮腔，唱完一句时，用唢呐接尾音吹奏过门，这与吹吹腔完全相同。罗罗腔的腔调名称有"起腔""流水""踩板""哭腔""山坡羊"等，吹吹腔的腔调名称也有"起腔""流水腔""大哭腔""小哭腔""踩踩板""山坡羊"等。罗罗腔与吹吹腔有着相同的特点，也有着渊源关系。其四，吹吹腔形成于明代中叶。罗罗腔形成于山西北部，流传于北方与中原，由军人传入滇西。明英宗正统六年（1441 年）至正统十四年（1449 年），王骥带兵"三征麓川"，他的军队驻扎在白族聚居的几个县，云龙县的旧州、漕涧是扎营驻军的重地。云龙县的白族人尊奉王骥为"三崇本主"，每年八月十四日，都要唱吹吹腔祭祀他。当地父老口碑相传，是王骥把北方的戏带到这里的，从此以后有了吹吹腔戏班。因为罗罗与方言中的"倮倮"很相似，为了与之区分开来，也由于这种戏用唢呐从头到尾吹奏，就改称吹吹腔。由于戏曲剧种的产生、形成、演变的时间在史籍中没有明确的年代记载，只能通过一些资料来"旁证"，根据《云龙县志》记载的门楼戏台、鹤庆县草海镇安乐村的吹吹腔戏师傅顾耀元保存的 36 副古代脸谱，以及吹吹腔的传统剧目推测吹吹腔形成于明代中叶。①

清朝乾隆年间是吹吹腔发展的盛行期之一，吹吹腔发展成了南北两个流派，大理、鹤庆等地的吹吹腔为北派吹腔，云龙县境内流传的为南派吹腔。这一时期吹吹腔的繁盛主要表现在以下几点：其一，白族地区一些吹吹腔演唱的戏台修建于乾隆年间，洱源县兰林兴文寺戏台建于乾隆二十三年（1758 年），邻村北庄的戏台建于乾隆二十四年（1759 年）。其二，吹吹腔老艺人保存了一本祖辈留下来的吹吹腔脸谱，据说是乾隆年间传下来的。其三，乾隆年间出过一位很有名的吹吹腔艺人杨永桐，据说他 72 岁到下关演出《双猴挂印》时，还能翻上屋梁去。其四，出现了一些手抄剧本，1948 年鹤庆地藏寺开光唱戏，一位 80 多岁的老艺人教唱了一出《宋江扫北》，该剧本是乾隆三年抄写的。吹吹腔到清光绪年间又出现了繁盛时期，在白族聚居的云龙、鹤庆、剑川、大理、洱源等地区的农村几乎是

① 包钢：《白族吹吹腔新探》，《民族艺术研究》2008 年第 1 期。

村村都建有戏台,有的村还建了不止一个戏台,这些戏台大多修建于清光绪年间;一些影响较大的农村吹吹腔剧团大多始建于清光绪年间。

清朝末年到民国时期,吹吹腔发展出现了停滞,主要原因一方面是国民党反动政府的限制和压制,另一方面受滇戏、京戏等外来剧种的冲击较大。北派吹腔日渐衰落,而生存于白族山区的南派吹腔却能够继续传承和发展至今,现今云龙县已经成为保存白族吹吹腔戏剧最为完整和丰富的地区。民国三十七年(1948 年),鹤庆地藏寺为菩萨开光,吹吹腔与滇剧联合演出。滇剧先演目连戏,吹吹腔接着演《宋江扫北》《王子英下山》《真假李逵》等剧目。这一时期在云龙的大达、箐干坪、下坞,剑川的象图,鹤庆西山的打板箐,大理的周城及邓川,洱源的凤羽、兰林等地的偏僻乡村,白族群众在迎神赛会、婚丧嫁娶中,演唱吹吹腔还是不可缺少的内容。艺人们代代相传,使吹吹腔得以流传下来。①

中华人民共和国成立以后到"文革"前这一时期,吹吹腔得到了恢复性发展。1949 年鹤庆西山黑话人就演出《三打王英》等吹吹腔剧目迎接解放军,1954 年他们又在鹤庆城演出《斩经堂》。云南省大理白族自治州各级政府对吹吹腔热情关怀,积极扶持,多次召开吹吹腔艺人座谈会了解情况,并鼓励他们为吹吹腔的发展做出新的贡献。各剧团不但继续演出传统剧目,还创作了一些新编剧目,1956 年大理周城艺人与大理文化馆干部合作,根据白族民间故事创作演出吹吹腔戏《杜朝选》,并参加了云南省农村业余文艺汇演,获优秀奖,剧本由云南人民出版社出版。1958 年大理市文工团改编为大理市吹吹腔剧团,成为大理地区第一个吹吹腔专业表演团体。大理州群艺馆还举办了首次吹吹腔讲习班,由 50 名吹吹腔演员参加,并邀请了很多老艺人讲课。

"文革"期间,吹吹腔被当作"四旧"而受到较大的冲击,各剧团所保留的服装、脸谱、手抄剧本等都遭到破坏,资料大都丧失,演出活动基本停止。

"文革"后,各级政府部门也牵头组织了一系列的抢救性保护工作,1977 年大理州文化局拨出专款用于扶持重点吹吹腔剧团,使业余剧团很快

---

① 大理白族自治州文化局编《白剧志》,文化艺术出版社,1989,第 7 页。

恢复起来，各剧团不但演出传统剧目还创作了一批新剧目。1985 年，中国戏曲志摄制组、大理州文化局到云龙县拍摄吹吹腔录像资料，各吹吹腔剧团在宝丰古戏台登台献艺，这批录像资料成为今天研究吹吹腔的珍贵材料。由李春芳等老艺人主演的《崔文瑞砍柴》《火烧磨房》等载入《中国戏曲志》。这一时期还涌现出了《白剧志》《白剧资料集》等一批关于吹吹腔的论著，对吹吹腔的传承和发展起到了明显的促进作用。

进入 21 世纪以后，吹吹腔的发展出现了新局面。2000 年 7 月 24 日《云南日报》公布滇西北保护与发展项目，将云龙县大达村列为白族吹吹腔保护村，将云龙县旧州镇列为白族吹吹腔保护区。在非遗保护工作热潮的整体推动下，吹吹腔的发展得到了社会各界的高度关注，各级政府部门、文化事业单位、媒体机构都给予了充分的关注。2006 年 3 月，云龙县作为"吹吹腔艺术之乡"被列入云南省第一批非遗保护名录。2008 年，云龙县被文化部命名为"中国吹吹腔艺术之乡"。近年来云龙县政府对吹吹腔加大宣传和保护力度，开展了深入的田野调查并建立了非遗档案，另外还积极推动吹吹腔进校园、吹吹腔展演和吹吹腔比赛等活动。2015 年，大理州文体局在云龙县功果桥镇挂牌成立了白族吹吹腔州级传习基地。功果桥镇党委政府还筹资 1600 多万元建成吹吹腔文化广场和白族吹吹腔艺术博物馆，成为白族吹吹腔收藏、研究、展示的中心。①

二　吹吹腔的表演

（一）吹吹腔的唱腔

以唱、吹为主的吹吹腔，用唢呐为主要器乐吹奏过门，所以吹吹腔也可以称为"唢呐戏"。其每唱四句为一段，唱词格式为"三七一五"的山花诗体。第一句为起板，第二、第三句为中板，第四句为落板，起板和落板都用唢呐间奏，击乐配之，击乐节拍十分严谨。有上引、咏诗、作对、表白、做功等表演程式，有"一吹、二唱、三敲打之说法"。吹吹腔音乐是白剧音乐的主要组成部分，它包括唱腔音乐和器乐音乐（唢呐曲牌和打

---

① 《云龙白族吹吹腔：藏在大山深处的艺术奇葩》，人民网 - 云南频道，http://yn. peo-ple. com. cn/n2/2016/0817/c372454 - 28847357. html，2019 年 6 月 14 日。

击乐），最能显示其风格的是唱腔音乐和唢呐曲牌。①

流传于各地的吹吹腔调有各自不同的特色，称谓也不同。流传于云龙者称为平腔、一字腔、高腔、二黄腔、哭腔、大哭腔、下山虎、垛垛板等；流传于鹤庆县者称为生腔、高腔、正板、平板、旦腔、旦高腔、摇旦腔、流水腔、垛儿板、风搅雪、七句半等；流传于洱源县者称为净高腔、老末腔、一字腔、大哭腔、大哭皇、二黄小哭腔、山坡羊、过山调、六调等；流传于剑川县者称为生腔、旦腔、平腔、净腔、丑腔、海东调等；流传于大理市者称为高腔、急高腔、生腔、高腔倒板、平腔、二黄腔、二黄倒板、二黄滚板、二黄高腔、哭皇天、山坡羊、七句半等。其中，各地的高腔、平腔、一字腔以及按行当命名者均属基本腔调，其他则属辅助性腔调，流传各地的基本腔调尽管称谓不同，大体上可将这部分腔调归纳为高腔类、平腔类、一字腔类。高腔类唱腔的风格，一般音调高亢激昂、粗犷豪放，具有较强的戏剧性，大都用固定的段落乐谱来填词演唱。平腔类唱腔是外来声腔传入大理地区后，经过漫长的演变过程，而逐渐形成的具有一定白族音乐风格的腔调，其唱词结构为"七字句"或"三七一五"的山花体。一字腔类唱腔具有非常浓郁的白族音乐风格。音乐旋律随着唱词声调的变化而相应变化，唱词结构多为"三七一五"的山花体。②

1. 高腔类

高腔类唱腔的风格，一般音调高亢激昂、粗犷豪放，具有较强的戏剧性和散板式特征，音乐旋律基本不变，大都用固定的段落乐谱来填词演唱，唱词结构一般为"七字句"或"十字句"。唱腔的落音和唢呐过门的起音重叠，基本保留了外来声腔的特点。在戏中一般用于武生、净行和袍带戏、武戏。③

2. 平腔类

平腔类唱腔是外来声腔传入大理地区后，不断受到白族文化和民间音乐的滋养，经过漫长的演变过程，而逐渐形成的具有一定白族音乐风格的

---

① 大理白族自治州文化局编《白剧志》，文化艺术出版社，1989，第 48~49 页。
② 张亮山：《白族吹吹腔浅析》，《民族音乐》2010 年第 6 期。
③ 张亮山：《白族吹吹腔浅析》，《民族音乐》2010 年第 6 期。

腔调，其唱词结构为"七字句"或"三七一五"的山花体。音乐旋律平直舒缓、节奏规整，有较强的叙述功能。在吹吹腔剧中平腔一般适合于具有一定文化程度和道德修养的人物演唱。①

3. 一字腔类

一字腔类唱腔具有非常浓郁的白族音乐风格。它充分利用了白语多声调的优势，说唱结合，诙谐风趣，音乐旋律随着唱词声调的变化而相应变化，唱词结构多为"三七一五"的山花体。较多采用"汉夹白"或纯白语演唱，水平较高的演员具有即兴编词的能力。这类唱腔是吹吹腔唱腔中最具白族特色，深受白族群众喜爱的一类唱腔，在吹吹腔戏中一般适合于身份卑贱的小人物演唱，如"摇旦""小丑"等。②

（二）吹吹腔的行当

吹吹腔是一种古老的民族剧种，行当分工较为细致，主要分为生、旦、净、丑四大行当，有一套完整表演程式及身段谱，一般讲究"手、眼、身、法、步"。在生、旦、净、丑四大行当中根据人物性别、年龄、性格又可以做如下细分。

1. 生行

具体可分为：小生、正生、老生、华生、英雄生。小生：多扮演斯文书生角色，步履轻盈，走路迈八字步，一步一靠，以唱功见长，如《仙鹤配》中的书生。正生：多扮演稳重的中年文将，步法庄重，迈方步（五寸一步），以唱功见长，如《伐松望友》中的刘备。老生：多扮演深沉的老年文将，表演基调苍凉，唱功与表演并重，如《应战马超》中的姜维。华生：多扮演性格活泼的年轻男性角色，一步一垫，步伐跳跃，如《杜朝选》中的书生。英雄生：多扮演英武的军将，动作爽利，是生行中表演程式最完备的一门，常用程式如"劈四门""跳场"等，如《伐松望友》中的关羽。③

2. 旦行

具体可分为：小旦、苦旦、武旦、摇旦、老旦。小旦：多演活泼的

---

① 张亮山：《白族吹吹腔浅析》，《民族音乐》2010年第6期。
② 张亮山：《白族吹吹腔浅析》，《民族音乐》2010年第6期。
③ 姚又僮：《云南吹吹腔戏演出考论》，硕士学位论文，上海戏剧学院，2012，第12页。

少女角色，步法轻盈，双手食指伸直，其余四指半握，如《桑园祭子》中的邓方。苦旦：多扮演端庄稳重的少妇角色，以唱功见长，如《火烧磨坊》中的王氏。武旦：多扮演性格爽朗身怀武艺的女性角色，动作敏捷干净利落，多有亮相动作，如《三合阵》里的白鹤公主。摇旦：多扮演性情风流的妇女角色，动作跳跃，表演滑稽，走三五步后突然一跳，收腿的同时踢后臀，走路时膝盖顶起很高，如《桑园祭子》中的邓圆。老旦：多扮演苍衰的老年女性角色，以唱功见长，如《崔文瑞砍柴》里的老母亲。[①]

3. 净行

具体可分为：红净、黑净、大花脸、二花脸。红净：多扮演威风刚烈的英雄人物，动作庄重、刚劲，如《赵武牧羊》中的赵武。黑净：多扮演粗犷的武将，动作幅度大，嗓音嘹亮，如《赵武牧羊》中的秦文。大花脸：多扮演性格乖戾的武将，动作大，挺腹，多转圆圈，亮相时身往后靠，半蹲，如《洛阳斩单》中的单雄信。二花脸："副净"的俗称，又称架子花，多扮演诙谐狡猾的男性角色，表演风格有时近似丑角，如《扫平江南》中的蔡彦昭，《君臣会》中的呼延赞等。[②]

4. 丑行

具体可分为：大丑、二丑、小丑。大丑（袍带）：如《三合阵》里的抓天龙、抓天凤二角。二丑（方巾）：如《李进叫街》中的李进。小丑：表演重讲白、表情，步法跳跃，两腿微弯，一步一靠，在唢呐节奏中循环，有独特的吹腔表演步法，风格浓郁，如《仙鹤配》中的蚌精。[③]

（三）吹吹腔的表演程式

尽管吹吹腔戏的演员多来自农村，演戏基本属于业余活动，然而对表演的要求还是较为严格的，各行当须遵从固有的表演程式进行人物塑造。传统吹吹腔戏各行当都有一套固定的步法和表演程式，程式动作极其注重

---

① 姚又僮：《云南吹吹腔戏演出考论》，硕士学位论文，上海戏剧学院，2012，第12页。
② 姚又僮：《云南吹吹腔戏演出考论》，硕士学位论文，上海戏剧学院，2012，第12~13页。
③ 姚又僮：《云南吹吹腔戏演出考论》，硕士学位论文，上海戏剧学院，2012，第13页。

人物身份以及性格特色的塑造，常见的表演程式有：灵官手、劈四门、跑马、垫步、快步、摇旦步、二换腿、靠步、跳场和跳步。①

灵官手：财神、灵官等吉星上场时的常用动作，以左手托掌，右手弯至胸前，伸中指，其余四指并拢，手心向上，因模仿"灵官"雕像的动作而得名。

劈四门：武生出场常见动作，通常武生演员上场后挥舞棍棒、刀枪于舞台四周亮相。其动作要求一文、二武、三龙、四虎、五略、六蹈。

跑马：源自民族歌舞中的动作，演员将纸糊的马系于腰间，模拟马的步法于舞台之上行走。

垫步：丑行基本步法。动作要求一走一垫，当左脚向前迈一步时，右脚尖于左脚后跟垫一下；跨右脚反之，步伐配合唢呐过门，诙谐有趣。

快步：跑圆场的碎步，用以表示骑马跑很快。

摇旦步：步法轻盈、跳跃，双手于身体两侧下压。右手心向下，左手心往上，伸食指，余下四指半握，以拇指按中指。移至右侧，动作相反，一步一压，三五步后猛然一跃，整套动作颇滑稽。

二换腿：武生上场亮相动作。通常先出马门后亮相，再上场至台中，跃起，于左脚落地之际，收右膝，右脚跟伸至左脚尖前落地；右手从胸前由上至下与左手对绕。最后以右手指正前方亮相。

靠步：小生常用步法。走八字，配合唢呐节奏跨出左脚，收回时，右脚尖靠左脚跟。

跳场：同于京剧的"起霸"，武生出场动作。基本类似"劈四门"的亮相，唯独增加了亮相后跳回台中再次亮相并自报家门。

跳步：丑、生行亮相步法。即在"啪、嗒、哐"的锣鼓点中起跳，左脚掌落地，两手挽花，右手朝上左手向下，掌心相合。右手从左手手肘弯中出至胸前伸食指指向前方，右脚跟同时落地亮相。

（四）吹吹腔的舞台美术

吹吹腔传统戏一般在乡间"万年台"上进行，演出时均采用一桌二椅

---

① 张绍兴：《云龙县白族吹吹腔戏调查》，中国民间文化艺术之乡建设与发展初探会议论文，北京，2010，第 765～769 页。

的舞台陈设。白族聚居区的比较大的村落都建有戏台，戏台突出白族建筑风格，多数地方则在民族传统节日期间临时以松、柏纸扎工艺装饰搭彩台唱戏，图2-9所示是位于大理云龙县长新乡包罗村大达自然村的大达魁阁戏台，该戏台具有显著的白族建筑的风格，是云龙县级文物。戏台上还书写有对大达村吹吹腔戏和吹吹腔剧团的简介，戏台右侧石碑上书写有大达村的渊源史（如图2-10所示），该石碑是清代遗留下来的，20世纪30年代又重修过一次，现存的石碑是2000年新修复的。

大理地区白族聚居的剑川、云龙、鹤庆、洱源等地农村目前保留的古戏台大多是清末至民国时期重修或新建的。迄今为止发现最早的为清嘉庆二十三年（1818年）建盖的大理海东武曲村戏台。自清雍正以来大理地区就有对演出场所的记载，但清代雍、乾时期建盖的戏台均未留下实物，不清楚他们的具体样式。现各地尚存的戏台的样式可分为庙宇门楼戏台、魁阁戏台、广场戏台、过街戏台、家院戏台等几种形式，部分现存古戏台情况如表2-4所示。

图2-9 大达村古戏台

资料来源：笔者2016年摄于大理州云龙县长新乡大达村。

图 2-10 大达村古戏台石碑
资料来源：笔者 2016 年摄于大理州云龙县长新乡大达村。

表 2-4 部分现存古戏台一览

名称	位置	舞台样式	建盖、重修年代
周城古戏台	大理喜洲周城中央广场	广场戏台	清光绪二十一年（1895 年）建盖
丁槐家庭院戏台	大理鹤庆县丁槐府宅内	家院戏台	清末民初
鹤庆母屯戏台	大理鹤庆县母屯村	广场戏台	清光绪年间
云龙宝丰戏台	大理云龙县龙尾关（今下关）磨洞村宝丰寺内	门楼戏台	清光绪年间
武曲村戏台	大理海东武曲村	门楼戏台	清嘉庆二十三年（1818 年）
仕登镇魁阁戏台	大理剑川县沙溪仕登镇	魁阁戏台	建于清光绪年间，1947 年重修
剑川财神殿戏台	大理剑川县	广场戏台	清光绪二十一年（1895 年）重建
大达魁阁戏台	大理云龙县长新乡包罗村大达自然村中央广场	魁阁戏台	清光绪年间，1934 年重修，1982 年再次重修
箐干坪街楼戏台	大理云龙县长新乡箐干坪村	过街戏台	清光绪七年（1881 年）建，1926 年重修
沙溪石龙戏台	大理剑川沙溪镇石龙村	庙宇门楼戏台	清道光二十一年（1841 年）

资料来源：大理白族自治州文化局编《白剧志》，文化艺术出版社，1989，第 155~156 页。

传统吹吹腔戏发源于乡村，演出以农村为主，由于条件所限，加之全是业余班社，所以演出陈设较为简陋，演出时一般采用"一桌二椅"的舞台陈设。常见的座椅摆设样式有大座、小座、八字跨椅、小高台等几种。为了美化舞台，还将白族雕刻、绘画等应用于舞台美术，如将绘有龙、凤、白鹤、麒麟等吉祥物的大幅画布铺在舞台前沿，以祈求演出受到诸神护佑，顺利成功。而出将入相、上下马门也悬挂着祥云彩绘的装饰门帘，一是作为分隔前后台的屏风，二是寓意吉祥平安的好彩头。[①]

吹吹腔戏中角色的面部造型很严格，必须按行当的特定脸谱勾画，为了方便演出，艺人们将脸谱绘制成册。吹吹腔戏脸谱多属于象形脸，其特征是将动物的面部特征形象化、图案化。吹吹腔戏脸谱多拟兽形，部分人物的额、腮部位绘有火焰图案。这类脸谱的绘制方式与民间的演出性质紧密相关，由于传统的村社演出封建迷信色彩较重，通常农村的驱邪、求神仪式夹杂在戏曲表演过程中，因而戏曲人物有时便被赋予了原本角色之外的多重身份，这在中国农村大部分地区是非常多见的，也是乡村戏曲文化区别于城市戏曲演出的一个显著特点。[②] 图 2-11 是笔者在云龙县大达村吹吹腔省级非遗传承人张杰兴家中拍摄的一张照片，从中可以看到吹吹腔艺人的服装、脸谱、头饰等舞台造型。据张杰兴说，他们剧团用于吹吹腔

图 2-11 大达村吹吹腔艺人

资料来源：笔者 2016 年摄于大理州云龙县长新乡大达村。

---

① 姚又僮：《云南吹吹腔戏演出考论》，硕士学位论文，上海戏剧学院，2012，第 16 页。
② 姚又僮：《云南吹吹腔戏演出考论》，硕士学位论文，上海戏剧学院，2012，第 30 页。

表演的道具多数都是老一辈艺人自己制作的，其中有一件戏袍，据说已经有 250 年的历史了（如图 2 - 12 所示）。

图 2 - 12　艺人张杰兴展示的古戏袍
资料来源：笔者 2016 年摄于大理州云龙县长新乡大达村。

目前在云龙、鹤庆、洱源地区现存的脸谱多是清代和民国年间老艺人临摹下来的，比较有代表性的脸谱有如下几册。[①]

鹤庆打板箐吹吹腔脸谱。该脸谱是打板箐吹吹腔业余剧团老艺人顾跃元保存的一册手工绘制的彩色脸谱，脸谱用白棉纸装帧成折叠连接的古旧式画册，共 36 幅，由于年代久远，加之保管不善，已破烂不堪，1984 年经鹤庆县文工队李忍汉修补。脸谱所用色彩基本为红、黑、白三色，在表现神妖时也用黄、绿、蓝三色。谱式均为兽形侧像，脸谱中所有谱式均未标注人物姓名。

洱源地区吹吹腔脸谱。该脸谱共三本，其一是凤羽区包大邑乡营尾村张述漠于 1922 年绘制；其二是凤羽区凤翔镇艺人李润阳 1984 年的整理本；其三是乔后区的绘制脸谱拓片本，绘制者姓名无法考证。三本脸谱共有谱式 124 幅，内容多为三国、唐宋人物，以及民间求神辟邪的财神、魁星、龙王等。脸谱所用色彩基本为红、黑、白三色，三本脸谱均有正像和侧像。

---

①　张绍兴：《云龙县白族吹吹腔戏调查》，中国民间文化艺术之乡建设与发展初探会议论文，北京，2010，第 765 ~ 769 页。

大达吹吹腔脸谱。该脸谱是大达吹吹腔业余剧团老艺人张仲勋（即吹吹腔省级传承人张杰兴的伯父）从自己的上一任班主张宿明处描摹复制而来的，脸谱谱式共有18幅，分别代表财神、魁神、天官、净、丑等行当人物。由于损毁严重，如今这些脸谱已经由云龙县文化馆统一收藏保管。

云龙箐干坪吹吹腔脸谱。该脸谱是箐干坪已故老艺人李龙章在民国年间绘制的，脸谱原由李龙章传给其子李跃芳，脸谱画在白棉纸上，装帧简陋，封皮、封底均无，脸谱原有页数不详。脸谱被主人长期卷成卷状随身携带，破损严重，翻阅相当困难，现尚存脸谱中包括"三国"、"列国"、"唐朝"、"宋朝"及《西游记》中的戏剧人物造型谱式，这些人物多数为正像，也有少数侧像，几乎每幅都注有角色姓名，共存38幅。该脸谱现由云龙县文化馆收藏。

云龙汤邓吹吹腔戏脸谱。汤邓吹吹腔业余剧团里一位已故老艺人李斌曾说他曾经有几本古老脸谱，但有的在"文革"中被烧毁，有的被人借走未还。1979年，他又凭借记忆为剧团绘制了一本脸谱，这本脸谱全部绘制在废旧杂志的白色封底上，谱式共有107幅。这107幅脸谱内容涉及范围较广，有"三国""列国""水浒""隋唐""杨家将"等演义故事中的人物，也有明清的历史人物"洪秀全""李自成"等，还有民间生活小戏中的角色谱式"崔文瑞""施三"等。

三 吹吹腔的剧目

据文献记载，白族吹吹腔剧目有300多个，其中传统剧目240个、新编剧目80多个。这些剧目大多是反映历史故事、道德教化、风物传说的，剧目内容百姓耳熟能详，在给人娱乐与教化中，净化了民风民俗，倡导了文明道德，也培养了乡土人才。白族吹吹腔经历了一个从外来剧种逐渐白族化的发展历程，其发展大致可分为三个阶段：第一个阶段为早期吹吹腔剧目，第二阶段为白族吹吹腔剧目，第三阶段为中华人民共和国成立后的新编剧目。[1]

---

[1] 张绍兴：《云龙县白族吹吹腔戏调查》，中国民间文化艺术之乡建设与发展初探会议论文，北京，2010，第765~769页。

第一个阶段：早期吹吹腔剧目。早期吹吹腔剧目的汉族传统文化印记非常深。剧目从内容上看是以隋唐、说岳、水浒、三国人物故事为主，这批剧目分"折"和"出"，演出有严格程式，唱词全都是七字句或十字句，没有"三七一五"的格式，而且较短，一般四句一段，最多三段，演员念唱多用"汉语白音"，唢呐伴奏唱吹吹腔。这一批剧目全为外来剧本，但在演出过程中也逐渐加入了一些地方方言。①

第二阶段：白族吹吹腔剧目。随着吹吹腔剧在白族地区的传播发展，陆续出现了一批富有白族特色的剧目，剧目融入了浓厚的白族文化，如《重三斤告状》《崔文瑞砍柴》《窦仪下科》《火烧磨房》《竹林拾子》等一大批剧目，这一批剧目主要是描写底层劳动人民勤劳善良的品德和抨击邪恶的民间生活小戏，这批剧目的唱词全用白族的"山花体"格式。即每一节唱词为四句，前三句都是七字，后一句是五字。演员演出时，不再是全说汉语，而是汉语和白语夹杂，一般是剧中有身份的人物说汉语，底层群众说白语，一个角色也可以汉语和白语夹杂，剧本也是汉、白语夹杂。因为白族没有文字，所以白语部分也用汉字写出，但在句旁加点注明，汉语部分则不加点。因战乱和"文革"等历史原因传统剧本原稿已经损毁殆尽。目前各吹吹腔业余剧团用于演出的传统戏剧剧本多是老艺人们抄录下来的，虽然经整理、修复，仍然有所残缺。目前保留下来的中华人民共和国成立以前的剧本不多，都是手抄本，且标明传抄年代的更少。②

第三阶段：新编吹吹腔剧目。中华人民共和国成立后，各业余吹吹腔剧团空前活跃起来，创作出一大批贴近生活、反映时代精神面貌的白族吹吹腔戏，如《全家富》《春花》《相亲路上》《人勤花茂》《鸡鸣茶香》《喜兆三元》《见面礼》等一大批剧目，这一大批剧目都取材于白族人民的现实生活，在剧目中大量吸取了白族民间语言，在唱词上基本保持了"三七一五"的"山花体"格式，这批剧目全用汉语，演出的演员用"汉语白音"在唱词的用韵上逐渐规范，注意平仄。这批剧目有意识地吸收了白族

---

① 张绍兴：《云龙县白族吹吹腔戏调查》，中国民间文化艺术之乡建设与发展初探会议论文，北京，2010，第765~769页。

② 张绍兴：《云龙县白族吹吹腔戏调查》，中国民间文化艺术之乡建设与发展初探会议论文，北京，2010，第765~769页。

民间歌舞、民间艺术，同时还向其他剧种借鉴和学习，在音乐唱腔、表演、舞台美术等方面都有创新，达到了较高的艺术水平。[①]

部分具有代表性的吹吹腔剧目及简介如下所述。

《君臣会》：又名《龙虎斗》，传统吹吹腔戏，是全本《下河东》中的一折传统吹吹腔戏，1985 年 12 月 5 日在云龙宝丰古戏台上由大达吹吹腔剧团演出。《君臣会》一折是从呼延赞带兵在幽燕道上拦截赵匡胤开始，直到最后统兵进取幽燕为止。这折戏边打边唱，全部运用传统吹吹腔的"杀场"（即开打）身段，此折戏是该剧团常演剧目之一，已由中国戏曲志摄制组、大理白族自治州文化局整折实况录像。

《扫平江南》：传统吹吹腔戏，箐干坪吹吹腔业余剧团戏师傅赵志广手抄存本，1985 年 12 月在宝丰古戏台演出时已由中国戏曲志摄制组、大理州文化局整场录像。该戏从马四龙兄弟前往江南平息兵祸起，至马四龙向蔡延照讲明实情止。时间跨度长、转场较多。整场戏几乎尽是开打场面，属于传统吹吹腔武功戏。演出中运用了许多开打场面，如"杀场""打插手""压螺蛳""三穿花"等。该戏是箐干坪业余剧团比较有水平的代表性剧目。

《崔文瑞砍柴》：传统吹吹腔戏，该剧是根据汤邓吹吹腔艺人李春芳收藏本整理而成，本剧叙述了崔文瑞和老母相依为命，因家贫无钱娶妻，每日上山打柴、侍奉老母，其孝义感动玉皇，派仙女张四姐下凡，试其真诚可鉴，遂与崔文瑞结为夫妻。《崔文瑞砍柴》是反映白族人民生活的传统吹吹腔小戏，或者是白族化了的吹吹腔小戏，崔文瑞在对唱中唱的是白族民歌，此剧是一出喜剧。李春芳扮演崔文瑞，保留了吹吹腔戏小丑的一些表演程式，生动地刻画了崔文瑞天真无邪、忠厚老实的性格，此剧曾到昆明参加云南省第一届少数民族戏剧观摩演出，并由中国戏曲志摄制组整场录像。

《窦仪下科》：传统吹吹腔戏，该剧来自汤邓业余吹吹腔剧团藏本，已收入云南人民出版社《云南民族戏剧剧目汇编》，是汤邓业余吹吹腔剧团常演剧目，此剧继承了吹吹腔小生和摇旦的步法身段，曾参加云南省第一届少数民族戏剧观摩演出。

---

① 张绍兴：《云龙县白族吹吹腔戏调查》，中国民间文化艺术之乡建设与发展初探会议论文，北京，2010，第 765～769 页。

《火烧磨房》：传统吹吹腔戏，《火烧磨房》为《血汗衫》片段，根据老艺人李春芳藏本整理而成，收入云南人民出版社《云南民族戏剧剧目汇编》。该剧是汤邓业余吹吹腔剧团常演剧目，乔氏和兰季子的表演继承了传统吹吹腔摇旦和小丑的步法身段。此剧曾参加西南民族文化工作会议和云南省第一届少数民族戏剧观摩演出，1985 年在宝丰古戏台演出，由中国戏曲志摄制组和大理州文化局整场实况录像，并载入《中国戏曲志》。

《水寨演武》：又名《水寨杨兵演武》，是吹吹腔传统剧目，该剧是鹤庆打板箐业余吹吹腔剧团的保留剧目之一，剧本抄于 1927 年，现存戏师傅顾跃元处。该剧反映南宋时期分属不同阵营的虎将杨凡和韩彦讲义气爱英雄的性格，主要是武戏表演。

《杜朝选》：1956 年根据大理民间故事编写，由大理周城农村俱乐部演出。本剧 1956 年在大理白族自治州建州大会上演出，受到热烈欢迎。该剧属民间传说类剧目，反映了猎人杜朝选斩妖蟒救人、为民除害的民间传说故事。剧本 1957 年由云南人民出版社出版单行本，1963 年收入中国戏剧出版社的《少数民族戏剧选》和云南人民出版社的《云南民族戏剧的花朵》。

《人勤花茂》：该剧 1979 年创作上演，作者赵瑜，音乐设计纳勤。剧本根据白族现实生活素材创作，剧本以党的十一届三中全会后，农村实行生产责任制，激发了白族人民勤劳致富的生产热情为主线，热情讴歌了农村的改革成果。此剧语言生动，生活气息浓郁，剧本获云南优秀剧本奖，发表于《大理文化》和《云南群众文艺》。

《鸡鸣茶香》：该剧创作于 1984 年，编剧张绍兴，音乐设计纳勤，云龙县文工队演出。剧本根据白族现实生活题材创作：党的十一届三中全会后，随着改革的步步深入，农村出现了养鸡、种茶专业户和种田能手，以人多地少的重重矛盾为主线展开故事。全剧矛盾重重，高潮迭起，语言生动、风趣幽默。1984 年获全州专业文艺调演一等奖，1985 年由业余吹吹腔剧团参加云南省业余文艺汇演获三等奖，剧本发表在《舞台天地》《云南戏剧大理州优秀剧本选》上。①

---

① 张绍兴：《云龙县白族吹吹腔戏调查》，中国民间文化艺术之乡建设与发展初探会议论文，北京，2010，第 765～769 页。

吹吹腔的剧目主要记录在剧本上，吹吹腔的传统剧本多用白棉纸抄写，白棉纸对折后于右侧装订，其内竖行抄写，朱笔圈点，圈点主要是起到断句的作用。笔者调研中看到的大多数剧本破损、污浊、虫蛀、鼠咬情况较严重，保存状况极差。随着时代的发展，剧本材质也发生了很大的变化，开始用白纸抄写，有些艺人用信笺纸、练习本，甚至用账本抄写。另外装订方式也改为左侧装订。抄写的方式也发生了变化，横写的抄录剧本越来越多，2000年以后还出现了大量打印稿。图2-13所示为不同时代、不同抄写方式和不同装订方式的剧本。

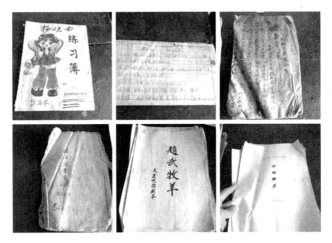

图2-13 不同时代、不同抄写方式和不同装订方式的吹吹腔剧本
资料来源：笔者2016年摄于大理州云龙县长新乡大达村。

四 吹吹腔的演出团体

吹吹腔在清代以后逐渐演化成南北两个流派，北派吹吹腔流传于大理、鹤庆等地，南派吹吹腔流传于云龙县境内。随着时间的推移，北派吹吹腔受滇剧、京剧和其他外来文化的冲击而逐渐没落，与之相反，南派吹吹腔在白族山区得到了传承和发展，现今云龙县是吹吹腔保存最为丰富和完整的地区。文化部2008年命名云龙县为"吹吹腔艺术之乡"。① 吹吹腔的演出团体主要有专业的吹吹腔剧团和民间业余剧团，据统计演员大约有

---

① 赵晓丽：《"山国"里的"吹吹腔"》，《戏剧之家》2017年第8期。

200 多人。专业剧团每年定期安排各类吹吹腔的传习班,教授吹吹腔艺术课程,同时负责组织全县的各个业余剧团到大理参加全州的各类庆典、竞赛等演出活动。业余剧团也坚持在各村进行着吹吹腔戏的演出,代表性的吹吹腔剧团有如下几个。

云龙县大达吹吹腔业余剧团:剧团成立于清道光乙未年间,由云龙县长新乡包罗村大达自然村的男性村民组成,大达村有 304 户居民,是云龙最大的自然村,上至七旬老翁,下至七岁孩童均自愿学戏参与演出。剧团现任团长张杰兴是现今云龙吹吹腔的代表性人物,已经 60 多岁了。2007年 6 月,张杰兴被认定为云南省非遗传承人;2010 年 3 月,张杰兴被认定为大理白族自治州第一批民族民间传统文化保护项目(舞蹈)传承人;2014 年 10 月,张杰兴提供的吹吹腔口述历史,已作为重要的档案资料,被珍藏于云南省档案馆。① 据张杰兴介绍,剧团目前有成员 65 人,剧团经常在村里的戏台上演唱,有时候县里有活动,也邀请他们去演唱。目前剧团的经费是村民给一点、政府给一点。他从小对吹吹腔有浓厚的兴趣,6岁时就跟随伯父张仲勋老艺人学艺,但表演基本都是兼职状态,他年轻的时候还出去打工,目前在家也是主要做农活,兼职担任吹吹腔传承人和唱大本曲。他认为,唱吹吹腔都是自娱自乐、贴补家用,并不能依靠它养家糊口。剧团内至今沿用着流传了 200 多年的戏服、道具。剧团代表剧目有袍带戏《风云聚会》《过巴州》等,是云龙县现今最活跃的吹吹腔戏业余剧团。

云龙县箐干坪吹吹腔业余剧团:剧团成立于清道光年间,该剧团的班主是世袭传承,从清朝同治年间第一代班主李贵文开始,班主位置按世袭制接任。由于缺乏资金、人才,箐干坪戏班的演出活动曾数度停止,2002年起再度恢复演出的剧团废除了世袭制,同时开始接纳女性演员。剧团代表剧目有《枪挑吕布紫金盔》《英雄聚会》《匡胤求雨》《火烧磨房》《竹林拾子》等。

云龙县汤邓吹吹腔业余剧团:清朝光绪初年剧团由艺人李生香组建,

---

① 《张杰兴:一辈子就爱吹吹腔》,汉丰网,http://www.kaixian.tv/gd/2017/0406/119608.html,2019 年 5 月 24 日。

属于季节性的业余演出组织，虽然在节庆之余鲜有演出，但仍可算是大理地区长期坚持演出活动的业余剧团之一。剧团有著名的吹吹腔艺人李春芳，他继承了较完整的吹吹腔表演程式，他传授的表演程式被大理州白剧团整理成为传统演技的教材，其对白剧的发展做出了重要贡献。代表剧目有《崔文瑞砍柴》《血汗衫》《匡胤送妹》《下河东》《窦仪下科》等。

云龙县下坞吹吹腔业余剧团：剧团始建于清光绪年间，下坞吹吹腔业余剧团有戏台、戏箱、古戏本。1985 年 12 月该团赴宝丰古戏台演出，其中《三出首》《九流闹馆》等剧目由中国戏曲志摄制组整场实况录像，收入《中国戏曲志》。1998 年，该团赴大理三月街进行首次传统吹吹腔展演，深受广大观众及专家学者好评。现任剧团负责人赵彭云 6 岁就跟随当地著名吹吹腔艺人刘德芳、杨述祖学艺，为使业余剧团长盛不衰，经常走村串寨，收集整理并保存了大量剧本。他参演的吹吹腔戏曾在中央电视台播放宣传，还参加过国际华文艺术节，他还自编自演了 50 多个剧本，其代表作《好事多磨》中的内容还被列入当地村民公约，并在《云龙文化》杂志上发表。① 主要代表性剧目有《崔文瑞砍柴》《龙虎斗》《三出首》《十二属》《过昭关》《九流闹馆》《李密投唐》《黄河摆渡》《竹林拾子》等。

云龙县丹嘎吹吹腔业余剧团：丹嘎吹吹腔业余剧团位于云龙县功果桥镇，剧团演员平时在家务农，空闲时创作排练节目，制作服装道具。剧团的足迹遍布云龙县的山山水水、村村寨寨，还经常到大理、昆明等城市演出。剧团在农村演出都不收费，到城市演出由当地政府补贴差旅费。这样的一个由山区白族农民组成的吹吹腔业余剧团能够有如此旺盛的生命力要得益于有一个吹吹腔世家在支撑着这个剧团，剧团负责人张国藩是吹吹腔的云南省省级非遗传承人，他 10 岁左右跟着祖父走村串寨表演吹吹腔，从小耳濡目染，爱上了这门传统艺术，16 岁正式登台表演，1978 年创办丹嘎吹吹腔业余剧组，1986 年申报成立丹嘎吹吹腔业余剧团。多年来共收集、整理、改编民间传统吹吹腔剧近 50 个，其中有两个收录入云南省地方剧目录。自创吹吹腔剧目 18 个，《春洒山村》和《十二属》曾在州县分别获

---

① 《云南 56 人入选第五批国家级非遗传承人，看看有你认识的吗？》，云南非物质文化遗产保护网，http://www.ynich.cn/view - 11510 - 3787.html，2019 年 5 月 28 日。

奖。2003 年张国藩和他的二叔张立泽分别被授予"大理白族自治州民间文化艺术大师"称号，张立泽也是吹吹腔的省级非遗传承人。[①]

鹤庆县打板箐吹吹腔业余剧团：该剧团是季节性的业余演唱组织，始建于民国初年，第一任班主为罗万兴。保存的剧本手抄本均有抄录年代，保存的汉族演义故事中的人物脸谱别具特色，均是兽形侧像。代表性剧目主要有《兵困燕山》《百草坡》《岳飞收王横》《大闹西京》《罗成招亲》等。

此外，据《白剧志》等文献记载，还有云龙县文工队、三七吹吹腔戏业余剧团、上甸尾吹吹腔戏业余剧团、汤涧吹吹腔戏业余剧团、剑川县象图吹吹腔戏业余剧团、剑川县上兰吹吹腔戏业余剧团、洱源县兰林吹吹腔戏业余剧团、洱源县大松甸吹吹腔戏业余剧团、洱源县包大邑村吹吹腔业余剧团等演出团体进行吹吹腔的表演。

第三节　白剧的基本情况

一　白剧的源流

白剧，是流行于云南大理地区的少数民族剧种，以吹吹腔、大本曲两大声腔作为音乐主体，并吸收了其他白族民间音乐作为补充。在剧目上，创作的新剧目居多，也整理过一些传统吹吹腔剧目。表演上用汉语白音演唱，唱词多用山花体格式，身段以戏曲身段为参照。1954 年，大理的大本曲艺人杨显臣与文化馆干部马泽斌合作，利用大本曲的音乐编演了《入社前后》一剧，大本曲剧就此诞生。1956 年大理的业余作者又编演了大本曲剧《全家送礼》。1958 年文化部在大理举行的西南区民族文化工作会议和1962 年在昆明举行的云南省民族戏剧观摩演出大会，对白剧的诞生起了催生作用。在 1958 年的民族文化工作会议上，大理市业余文工团、大理白族自治州民族歌舞团及鹤庆、云龙等县的一些文艺团体纷纷演出吹吹腔戏和

---

① 观远：《吹吹腔世家·五代同》，新浪博客，http://blog.sina.com.cn/s/blog_5edca6f40102-uy72.html，2019 年 5 月 29 日。

大本曲剧，同年大理市文工团改为大理市吹吹腔剧团，成为大理地区第一个吹吹腔专业表演团体。1961 年中共云南省委宣传部发出了《关于建立四个民族剧团的通知》，其中包括建立白族的民族剧团，1962 年大理州组建了大理州白剧团参加云南省的民族戏剧观摩演出大会，白剧和大理白族自治州白剧团同时诞生。①

大理州白剧团建立以后，曾排演了《柳荫记》《李双双》等十几个剧目，其中《红色三弦》剧目曾参加 1964 年云南省现代戏观摩演出大会、1965 年西南区话剧地方戏观摩演出大会，1966 年赴北京汇报演出。除大理州白剧团之外，各地文工队及业余班社也大量表演吹吹腔戏、大本曲剧、白剧，活跃于城乡。

"文革"期间，白剧受到了一定冲击，大理州白剧团被撤销。大理州宣传队创作演出的白剧《苍山红梅》于 1974 年参加云南省文艺创作节目调演，受到了广大观众的广泛好评。1975 年白剧《苍山红梅》代表云南省少数民族戏剧赴京参加全国现代戏调演，并被文化部留京参加纪念毛泽东《延安文艺座谈会》发表 33 周年纪念活动演出，分别深入怀柔、昌平、延庆演出，人民文学出版社出版白剧《苍山红梅》单行本向全国发行。②

"文革"后，1978 年重建了大理州白剧团，该团编演的白剧《望夫云》三度获得国家奖励。另一剧目《苍山会盟》也获得了全国少数民族题材戏剧创作银奖。大理州白剧团陆续出访了美国、法国、日本及东南亚地区，荣获过国家级、省级多项奖励，1992 年被文化部命名为中国少数民族剧种"天下第一团"。③ 这一时期，在老艺人的带领下，业余的吹吹腔戏、大本曲剧活动仍坚持开展。洱源、鹤庆、云龙等县文工队也编演了《审公公》《旅社之夜》《鸡鸣茶香》等白剧剧目，先后在省、州获奖。这一时期还涌现出了《白剧志》《白剧资料集》等一批专门研究白剧的论著，对白剧进行历史梳理和理论研究，是白剧研究的重要文献资料，对白剧的传

① 秦思:《唇齿相依 水乳交融——吹吹腔及白剧的概念辨析与界定》,《民族艺术研究》2018 年第 2 期。
② 州艺:《白剧〈苍山红梅〉》,《大理日报（汉）》2006 年 4 月 13 日，第 A03 版。
③ 见大理白族自治州人民政府官网，http://www.dali.gov.cn/dlzwz/5118906138368147456/20170901/317690.html, 2019 年 7 月 2 日。

承和发展起到了极大的推动作用。

进入 21 世纪以后，白剧的发展出现了新局面，在非遗保护工作热潮的整体推动下，白剧的发展得到了社会各界的高度关注，各级政府部门、文化事业单位、媒体机构都给予了充分的关注，2008 年白剧入选第二批国家级非遗名录，曾先后摘取过"文华奖""梅花奖""曹禺剧目奖""电视金鹰奖"等省部级大奖一百多项。① 2014 年大理州政府出台了《关于加强和改进白剧传承发展的意见》的文件，并拨款 60 万元作为白剧的创作经费。② 2015 年，新编大型传奇历史白剧《榆城圣母》在省内乃至国内戏曲界引起广泛关注，充分展现了白剧艺术的独特魅力。由大理州白剧团创作并演出的白剧《数西调》入选国家艺术基金 2016 年资助项目，2017 年该剧还成功入选文化部 2017 年度"西部及少数民族地区艺术创作提升计划重点原创剧目专家支持项目"。

如今白剧与吹吹腔、大本曲并存发展，同为白族人民喜闻乐见的民族文化艺术形式，白剧主要发展舞台艺术表演，大本曲和吹吹腔主要发展民间艺术表演。白剧是国家级非遗，吹吹腔是云南省省级非遗，大本曲是大理州州级非遗。

二 白剧的剧目

白剧的剧目多是新编剧目，1963 年前后大理州白剧团移植演出了一批现代戏，如《小二黑结婚》《南海长城》《社长的女儿》《三里湾》《江姐》《两块六》《送货路上》《补锅》《打铜锣》等。从 20 世纪 60 年代到 80 年代，一批新的文艺工作者参加到白剧剧本创作队伍中，他们共同推出了一批有影响的剧目，如《红色三弦》《苍山红梅》《望夫云》《苍山会盟》《审公公》等，这些剧目在继承传统的基础上又有新的发展。白剧中有较大影响的剧目都具有鲜明的白族文化特色。其一，这些剧目都取材于白族的现实生活、白族地区广为流传的民间传说、白族历史上影响深远的重大

① 罗春明：《大型新编传奇历史白剧〈榆城圣母〉》，新华网－云南频道，http：//yn.xinhua-net.com/topic/2016－01/05/c_134980389_3.htm，2019 年 5 月 13 日。

② 奚劲梅：《大型原创白剧〈榆城圣母〉观后记》，《戏剧之家》2017 年第 1 期。

事件。其二，这些剧目大量吸收了白族的民间语言，唱词基本采用"三七一五"的"山花体"格式。其三，这些剧目在演出时全用汉语，演员道白演唱都用"汉语白音"，在唱词用韵上逐渐规范为"滇韵"，注意平仄，单句基本上用仄声，有时平仄混用，双句用平声。其四，这些剧目更加有意识地大量吸收白族民间歌舞、民间艺术，同时向其他兄弟剧种学习，在音乐唱腔、表演、舞台美术等方面都有创新，达到了较高水平。① 白剧的代表性剧目如下所述。

《红色三弦》：1963 年根据白族现实生活创作，1964 年由大理州白剧团演出，曾参加云南省和西南地区现代戏会演，并到北京、成都、长沙、贵阳等地演出，受到欢迎。该剧语言上运用了一些白族民间比喻，许多唱词采用白族民歌，又经过作者提炼，具有民族特色，文学性较强。音乐设计以大本曲为主，并较多地吸收了白族民歌，受到了群众欢迎。

《苍山红梅》：1970 年根据大理白族现实生活素材创作，同年由大理白族自治州文艺宣传队在下关首演。该剧在表演上吸收了滇剧等剧种的一些表演手法，在白剧向戏曲化发展方面做了一些尝试。该剧除在北京演出外，分别深入怀柔、昌平、延庆演出，人民文学出版社出版白剧《苍山红梅》单行本向全国发行。②

《苍山会盟》：1984 年 11 月大理州白剧团首演。剧本根据南诏史料改编，发表于《云南戏剧》1985 年第 4 期。本剧 1985 年参加文化部、国家民委、全国剧办、中国少数民族戏剧学会联合举办的"全国第一届少数民族题材剧本评奖"并获银奖。③

《两把镰刀》：1964 年由云南省少数民族业余艺术代表团大理州代表队演出。剧本根据白族人民现实生活写成，1965 年由云南人民出版社出版单行本。此剧 1964 年 11 月参加北京全国少数民族业余文艺观摩演出大会。剧组受到毛泽东、周恩来等党和国家领导人的接见，并合影留念。

《审公公》：1982 年根据白族现实生活编写，由洱源县文工队演出。此剧

---

① 薛子言：《白剧剧目民族化的历史发展》，《民族艺术研究》1988 年第 5 期。
② 州艺：《白剧〈苍山红梅〉》，《大理日报（汉）》2006 年 4 月 13 日，第 A03 版。
③ 州艺：《大型历史白剧〈苍山会盟〉》，《大理日报（汉）》2006 年 4 月 27 日，第 A03 版。

吸收民间语言，音乐上白族风格浓郁。参加1982年云南省戏曲现代戏会演并获优秀节目奖。云南省内许多州、县剧团将它移植成花灯戏、滇剧演出。剧本被收入《云南剧目选辑》1982年第4期和《云南民族戏剧剧目汇编》。

《望夫云》：1980年根据流传于大理白族地区的民间故事和志书记载创作，由大理州白剧团在大理下关演出。本剧在民间传说基础上，概括了更广阔的社会内容，使爱情的主题更加深化。剧本唱词运用白族民歌形式，咏唱了大理的湖光、山色、风情、典故，增加了地方特色和民族特色，曾到北京、成都、昆明等地演出，均受好评。剧本曾获全国和云南省少数民族文学创作奖，全国优秀话剧、戏曲、歌剧剧本创作奖，全国第一届少数民族题材创作荣誉奖。云南人民出版社出版了单行本。

《蝶泉儿女》：原名《蝴蝶泉》。1982年取材于白族人民现实生活创作而成，由大理州白剧团演出。本剧于1984年参加全省第二届民族戏剧会演和全国少数民族戏剧录像暨观摩演出。发表于《云南戏剧》1985年第2期。

《榆城圣母》：该剧反映公元973年第一任国王段思平建立大理国的历史，以第一任国母杨桂仙辅助两任国主为主线，彰显白族女性圣洁无私的大爱情怀。该剧由资深剧作家罗远书编剧，国家一级导演、著名京昆表演艺术家翁国生导演，中国戏剧家协会副主席罗怀臻担任艺术顾问，著名白剧演员杨益琨、彭强领衔主演。由大理白族自治州民族文化工作团160名老中青三代演员演出。2016年1月21日，白剧《榆城圣母》参加云南省第十三届新剧目展演，首场演出非常成功。①

《数西调》：白剧《数西调》是国家艺术基金2016年资助项目，其剧本是大理州文体局于2014年面向社会公开征集，从来省内外的30个应征剧本（提纲）中中标的3个剧本（提纲）中选出的。该剧由大理州白剧团精心打造，由曾获得云南省首届"四个一批"贡献奖的李世勤担任编剧，国家一级导演张树勇担任导演，著名白剧演员、中国戏剧表演艺术最高奖梅花奖获得者杨益琨领衔主演，大理州白剧团30多位老中青演员共同出演。

---

① 格梅江：《白剧新作〈榆城圣母〉在昆明隆重上演》，新浪博客，http://blog. sina. com. cn/s/blog_d37169920102w6i6. html，2019年10月8日。

三　白剧的表演团体

白剧的表演团体主要就是大理白族自治州白剧团（简称"大理州白剧团"），剧团现位于云南省大理市天宝街7号（图2－14为笔者调研时拍摄的大理州白剧团大门）。1962年在大理市吹吹腔剧团基础上成立了大理州白剧团，为全民所有制单位，编制40人。第一任团长为苏丹，副团长兼党支部书记为李晴海。1970年5月，大理州白剧团撤销，留下少量人员组成"大理州毛泽东思想文艺宣传队"。1978年撤销"大理州毛泽东思想文艺宣传队"，重建大理州白剧团，为全民所有制单位，编制80人。1991年，在全国戏曲会演中，大理州白剧团曾以创作演出《阿盖公主》荣获"天下第一团"的美誉。1991年3月大理州白剧团受时任中共中央政治局常委、书记处书记李瑞环同志的邀请赴京为全国人大七届四次会议和政协会议演出，在京期间先后进人民大会堂、中南海演出，还受到时任中共中央总书

图2－14　大理州白剧团大门

资料来源：笔者2014年摄于大理州大理市。

记江泽民同志的亲切接见。① 1992 年，为纪念大理州白剧团成立 30 周年，大理州白剧团编辑印刷了《云南省大理白族自治州白剧团成立三十周年纪念》画册（如图 2 - 15），画册中详细全面介绍了大理州白剧团成立 30 年以来的发展历史、演出交流情况、演职人员情况、剧目情况、获奖情况、领导接见情况和题词等，并附以大量珍贵照片，该纪念册成为我们认识和研究白剧发展历史的重要资料。1995 年文化部、人事部授予大理州白剧团"全国文化先进集体"称号。

图 2 - 15　《云南省大理白族自治州白剧团成立三十周年
纪念（1962—1992）》画册

资料来源：笔者收集拍摄。

　　2004 年大理州民族歌舞团和大理州白剧团整合组建为"大理白族自治州民族歌舞剧院"，加挂"大理白族自治州白剧团"的牌子。2010 年，大理州白剧团排演了现代白剧《洱海花》，参加第二届中国少数民族戏剧会演并获综合节目银奖。2011 年更名为"大理白族自治州民族文化工作团"。

---

① 云南省大理白族自治州白剧团：《云南省大理白族自治州白剧团成立三十周年纪念（1962—1992）》，1992。

从 2011 年起，大理州白剧团每年完成 100 多场"三下乡"文化惠民演出，展现群众生产生活的白剧小戏深受基层群众欢迎。小白剧《相逢在货摊》《反客为主》《划线》《环保进行曲》及白族大本曲《习总书记到我家》《清清洱海水》等一批剧目在基层观众中产生了深远的影响。2015 年，新编大型传奇历史白剧《榆城圣母》在云南省内乃至全国戏曲界都引起广泛关注，充分展现了白剧艺术的独特魅力。为突出大理白族的独有文化，擦亮和打响"天下第一团"品牌，2016 年 6 月大理白族自治州民族文化工作团现行机构名称调整为"大理白族自治州白剧团"。在原工作职能基础上，将其职能调整为"以保护传承和展演白剧艺术为主，兼顾民族歌舞创作和演出等工作"；增强大理州白剧团下属白族文化传习所在保护传承和展示白族文化方面的功能，在白族文化传习所增设白剧研究室、白剧创作室和白剧传承展演室，把白族文化传习所建设为保护传承展示白剧艺术的重要基地。为了扩大白剧艺术的影响，培养后备人才，大理州白剧团还组织白剧专家和优秀演员到大理大学、下关四小、下关少艺校等学校传授白剧艺术知识、进行白剧表演培训。[1] 2017 年白剧《数西调》首演成功，其剧本是大理州文体局于 2014 年面向社会公开征集，从来自省内外的 30 个应征剧本（提纲）中中标的 3 个剧本（提纲）中选出的。该剧由大理州白剧团精心打造，由曾获得云南省首届"四个一批"贡献奖的李世勤担任编剧，国家一级导演张树勇担任导演，著名白剧演员、中国戏剧表演艺术最高奖梅花奖获得者杨益琨领衔主演，由大理州白剧团 30 多位老中青演员共同出演。[2]

自成立以来，大理州白剧团创作推出了《苍山红梅》《苍山会盟》《望夫云》《红色三弦》《蝶泉儿女》《柳荫记》《榆城圣母》《数西调》等近百台大小剧目，涌现了杨明、陈兴等多位知名剧作家，培养了叶新涛、杨永忠、杨益琨等著名演员。白剧摘取过"文华奖""梅花奖""曹禺剧目奖""电视金鹰奖"等省部级大奖一百多项。

---

[1] 《"大理州白剧团"名称恢复使用》，《大理日报》2016 年 6 月 9 日，第 A1 版。

[2] 大理日报指尖大理：《白剧〈数西调〉首演成功》，搜狐网，http://www.sohu.com/a/162411715_99955861，2019 年 5 月 21 日。

第三章

白族口承文艺非遗保护与传承现状分析

第一节　研究设计

一　政策文本的采集

党和政府历来重视传统文化的保存、保护与传承工作。2004 年 8 月，我国政府以成为联合国教科文组织《保护非物质文化遗产公约》缔约国为契机，统一使用"非物质文化遗产"这一术语指代传统文化、民间文化等，并体现在制定的相关保护与传承政策中。2005 年我国颁布了第一份非遗保护的纲领性文件《国务院办公厅关于加强我国非物质文化遗产保护工作的意见》，2011 年 2 月，《中华人民共和国非物质文化遗产法》通过，当前我国非遗保护领域已经形成相对完备的政策体系。为了全面系统地掌握我国非遗保护与传承的政策体系，本书采取如下政策文本采集策略。

（1）全面收集全国性（国务院、文化和旅游部等颁行的文件）的法规和政策文本；（2）一些属于公告性质的（如《国务院关于公布第一批国家级非物质文化遗产名录的通知》等）、无相关内容的（如《国务院关于同意设立"文化和自然遗产日"的批复》）以及纯业务工作（如经费管理）的文件，不在收集范围之内；（3）经常性工作的政策文本，以最权威的政策文本为依据，不再收录其后续执行政策的相关文本（如有关国家级非遗名录申报工作的内容，依据《国家级非物质文化遗产代表作申报评定暂行办法》，不再收录其后续的《国务院关于公布第一批国家级非物质文化遗产名录的通知》等文本）；（4）在内容方面，一是判别法规和政策中是否对非遗传承与保护有明确表述，二是判别是否有与非遗传承与保护有关的隐喻。对于那些提及非遗保护，但并没有实质性或特殊性规定的文本，也不采集。据此，共采集到相关法律、法规和政策文本15份（表3-1，依施行日期排序）。

表 3-1　非遗保护相关法律法规和政策文本

编号	文号	标题	施行日期
P01	无	全国人民代表大会常务委员会关于批准《保护非物质文化遗产公约》的决定	2004 年 8 月 28 日
P02	国办发〔2005〕18 号	国务院办公厅关于加强我国非物质文化遗产保护工作的意见	2005 年 3 月 26 日
P03	办社图函〔2005〕21 号	文化部办公厅关于开展非物质文化遗产普查工作的通知	2005 年 6 月 9 日
P04	国发〔2005〕42 号	国务院关于加强文化遗产保护的通知	2005 年 12 月 22 日
P05	文化部令（第 39 号）	国家级非物质文化遗产保护与管理暂行办法	2006 年 12 月 1 日
P06	商改发〔2007〕45 号	商务部文化部关于加强老字号非物质文化遗产保护工作的通知	2007 年 2 月 12 日
P07	文化部令（第 45 号）	国家级非物质文化遗产项目代表性传承人认定与管理暂行办法	2008 年 6 月 14 日
P08	中华人民共和国主席令（第 42 号）	中华人民共和国非物质文化遗产法	2011 年 6 月 1 日
P09	文非遗发〔2012〕4 号	文化部关于加强非物质文化遗产生产性保护的指导意见	2012 年 2 月 2 日
P10	文非遗函〔2015〕318 号	文化部关于开展国家级非物质文化遗产代表性传承人抢救性记录工作的通知	2015 年 4 月 22 日
P11	国办发〔2015〕52 号	国务院办公厅印发关于支持戏曲传承发展若干政策的通知	2015 年 7 月 11 日
P12	国办发〔2016〕36 号	国务院办公厅转发文化部等部门关于推动文化文物单位文化创意产品开发若干意见的通知	2016 年 5 月 11 日
P13	无	中共中央办公厅、国务院办公厅《关于实施中华优秀传统文化传承发展工程的意见》	2017 年 1 月 25 日

编号	文号	标题	施行日期
P14	国办发〔2017〕25号	国务院办公厅关于转发文化部等部门中国传统工艺振兴计划的通知	2017年3月12日
P15	办公共函〔2018〕2号	关于印发《"中国民间文化艺术之乡"命名和管理办法》的通知	2018年1月4日

注：15份法律政策文本的来源地址见参考文献法律与政策部分。

二 田野调查

2014年至2016年，笔者多次深入白族聚居区开展田野调查，前往云南省非遗保护中心、昆明市非遗保护中心、云南省档案局、大理白族自治州文广局、大理白族自治州文化遗产局、大理白族自治州档案局、大理市档案局、大理白族自治州图书馆、大理白族自治州白族文化研究所、大理大学图书馆、大理白族自治州白剧团、大理市非遗博物馆、云龙县文广局、云龙县文化馆、云龙县政协等部门，访谈了相关政府工作人员和学术研究人员，获取了一定数量的政府文件和相关研究资料。另外还针对代表性艺人，如赵丕鼎、赵冬梅、赵福坤、李丽（李润凤）、戴四达父子、张亚辉、张杰兴、陈红权等，进行了深入的访谈，通过访谈了解了大本曲、吹吹腔、白剧的历史源流、剧（曲）目、唱腔、表演现状等情况。另外，还辅以文献和网络调查，根据田野调查获取的相关线索搜集并获取相关文献资料，掌握整体情况。

第二节　白族口承文艺非遗保护与
传承的政策分析

上述15份法律、法规和政策文本，主要涉及非遗保护与传承的行政主体、业务主体以及措施等方面的问题，分述如下。

（一）非遗保护与传承的行政主体

从较早的《国务院办公厅关于加强我国非物质文化遗产保护工作的意见》（P02）开始，就规定了政府部门是非遗保护的主要责任者，要"加强领导，将保护工作列入重要工作议程……要不断加大非物质文化遗产保护工作的经费投入"。也明确了各级文化行政部门牵头，并"与各相关部门要积极配合，形成合力"的保护制度，这一思路在 2011 年的《中华人民共和国非物质文化遗产法》中得到了进一步明晰，规定"县级以上人民政府应当将非物质文化遗产保护、保存工作纳入本级国民经济和社会发展规划，并将保护、保存经费列入本级财政预算"，规定国务院及地方各级文化行政部门负责非遗保护工作的组织、协调、监督、规划、经费资助等工作，详见表 3 - 2。其余文本的规定多是对此的进一步细化和补充。而其他部门的工作并没有明确化，除了专项非遗工作（如老字号的非遗保护工作就明确了各级商务行政部门的职责），其他行政部门的工作并没有细化。换句话说，当前我国非遗保护工作是一种以文化行政部门为主导，其余部门广泛参与的管理格局，这与我国的行政管理体制是一致的。

表 3 - 2　法律与政策文本中非遗保护与传承的行政主体

行政主体	具体描述
各级政府部门	地方各级政府要加强领导，将保护工作列入重要工作议程……各级政府要不断加大非物质文化遗产保护工作的经费投入（P02） 地方各级人民政府和有关部门要将文化遗产保护列入重要议事日程，并纳入经济和社会发展计划以及城乡规划（P04） 县级以上人民政府应当将非物质文化遗产保护、保存工作纳入本级国民经济和社会发展规划，并将保护、保存经费列入本级财政预算（P08） 各级人民政府有关部门要……积极探索振兴传统工艺的有效途径。引导非物质文化遗产生产性保护示范基地发挥示范引领作用（P14）
各级文化行政部门	要发挥政府的主导作用，建立协调有效的保护工作领导机制。由文化部牵头，建立中国非物质文化遗产保护工作部际联席会议制度，统一协调非物质文化遗产保护工作。文化行政部门与各相关部门要积极配合，形成合力（P02） 国务院文化行政部门负责组织、协调和监督全国范围内国家级非物质文化遗产的保护工作。省级人民政府文化行政部门负责……国家级非物质文化遗产项目所在地人民政府文化行政部门……（P05） 国务院文化行政部门组织制定国家级非物质文化遗产保护整体规划，并定期对规划的实施情况进行检查。省级人民政府文化行政部门组织制定本行政区域内国家级非物质文化遗产项目的保护规划（P05） 国务院文化行政部门对国家级非物质文化遗产项目保护给予必要的经费资助。县级以上人民政府文化行政部门应当积极争取当地政府的财政支持，对在本行政区域内的国家级非物质文化遗产项目的保护给予资助（P05）

续表

行政主体	具体描述
	各级文化行政部门应对开展传习活动确有困难的国家级非物质文化遗产项目代表性传承人予以支持。国务院文化行政部门对做出突出贡献的国家级非物质文化遗产项目代表性传承人，给予表彰和奖励（P07） 【各级】文化行政部门组织专家【对申报国家级非物质文化遗产传承人的申报材料】进行审核并逐级上报。国务院文化行政部门【组织评审、审定并给予公布】（P07） 各地商务、文化主管部门必须……进一步加强我国老字号的非物质文化遗产保护工作（P06） 国务院文化主管部门负责全国非物质文化遗产的保护、保存工作；县级以上地方人民政府文化主管部门负责本行政区域内非物质文化遗产的保护、保存工作（P08）
其他部门	【非物质文化遗产保护工作部际联席会议制度涉及的部门】文化部　发展改革委　教育部　国家民委　财政部　建设部　旅游局　宗教局　文物局（P02） 各地商务、文化主管部门必须……进一步加强我国老字号的非物质文化遗产保护工作（P06） 县级以上人民政府其他有关部门在各自职责范围内，负责有关非物质文化遗产的保护、保存工作（P08）

注：表中"【　】"内的内容为笔者根据上下文添加。内容参见表 3－1 的 15 份法律政策文本。

（二）非遗保护与传承的业务主体

通过分析相关政策文本，不难发现非遗保护与传承的业务主体主要是各级政府部门、各级文化行政部门和其他机构如表 3－3 所示。

表 3－3　法律与政策文本中非遗保护与传承的业务主体

行政主体	具体描述
各级政府部门	地方各级政府要加强领导，将保护工作列入重要工作议程……各级政府要不断加大非物质文化遗产保护工作的经费投入（P02） 地方各级人民政府和有关部门要将文化遗产保护列入重要议事日程，并纳入经济和社会发展计划以及城乡规划（P04） 县级以上人民政府应当将非物质文化遗产保护、保存工作纳入本级国民经济和社会发展规划，并将保护、保存经费列入本级财政预算（P08） 各级人民政府有关部门要……积极探索振兴传统工艺的有效途径。引导非物质文化遗产生产性保护示范基地发挥示范引领作用（P14）

行政主体	具体描述
各级文化行政部门	要发挥政府的主导作用，建立协调有效的保护工作领导机制。由文化部牵头，建立中国非物质文化遗产保护工作部际联席会议制度，统一协调非物质文化遗产保护工作。文化行政部门与各相关部门要积极配合，形成合力（P02）
	国务院文化行政部门负责组织、协调和监督全国范围内国家级非物质文化遗产的保护工作。省级人民政府文化行政部门……国家级非物质文化遗产项目所在地人民政府文化行政部门……（P05）
	国务院文化行政部门组织制定国家级非物质文化遗产保护整体规划，并定期对规划的实施情况进行检查。省级人民政府文化行政部门组织制定本行政区域内国家级非物质文化遗产项目的保护规划（P05）
	国务院文化行政部门对国家级非物质文化遗产项目保护给予必要的经费资助。县级以上人民政府文化行政部门应当积极争取当地政府的财政支持，对在本行政区域内的国家级非物质文化遗产项目的保护给予资助（P05）
	各级文化行政部门应对开展传习活动确有困难的国家级非物质文化遗产项目代表性传承人予以支持。国务院文化行政部门对做出突出贡献的国家级非物质文化遗产项目代表性传承人，给予表彰和奖励（P07）
	【各级】文化行政部门组织专家【对申报国家级非物质文化遗产传承人的申报材料】进行审核并逐级上报。国务院文化行政部门【组织评审、审定并给予公布】（P07）
	各地商务、文化主管部门必须……进一步加强我国老字号的非物质文化遗产保护工作（P06）
	国务院文化主管部门负责全国非物质文化遗产的保护、保存工作；县级以上地方人民政府文化主管部门负责本行政区域内非物质文化遗产的保护、保存工作（P08）
其他机构	【非物质文化遗产保护工作部际联席会议制度涉及的部门】文化部　发展改革委　教育部　国家民委　财政部　建设部　旅游局　宗教局　文物局（P02）
	各地商务、文化主管部门必须……进一步加强我国老字号的非物质文化遗产保护工作（P06）
	县级以上人民政府其他有关部门在各自职责范围内，负责有关非物质文化遗产的保护、保存工作（P08）

注：表中"【　】"内的内容为笔者根据上下文添加。内容参见表 3 - 1 的 15 份法律政策文本。

第一，各级政府部门。各级政府部门主要以出台政策、建立制度、制定规划等方式在宏观层面发挥业务主体作用，从而保障非遗保护与传承工作有序开展。

第二，各级文化行政部门。文化行政部门的业务工作主要是建立非遗数据库、建立非遗项目代表性传承人档案和主持开展非遗调查等工作，其实质仍然是非遗管理工作的延伸。

第三，其他机构。其他机构的范围非常广泛，泛指除了各级政府部门和文化行政部门之外的各类相关机构，如图书馆、档案馆、文化馆、博物馆、非遗保护中心等公共文化机构/文化文物单位等，传播、展示、开发利用等工作几乎都是由该类机构具体负责实施的。相关文件中多次提及国家鼓励和支持社会力量参与非遗保护和传承，传承人是非遗保护与传承的核心力量，尽管文件中对其具体的描述不多，但是很多政策都是指向传承人的，如建立传承人档案、开展传承人采集工作、制定代表性传承人认定与管理办法等。另外，文件中提及的学术研究机构、大专院校、企事业单位、社会团体、新闻出版、广播电视和互联网等几乎囊括了非遗调查、研究、传承、保护等领域的所有相关组织，这也是广泛地开展非遗保护和传承工作的需要。

（三）非遗保护与传承的措施

非遗保护与传承的措施是相关法律和政策文本中重点提及的部分，而且法律和政策文本中对此的阐述详略不一，总体上看，大致可以分为如下几种（见表3-4）。

在宏观层面，分为制度和规划两方面。其一，在制度方面，主要是立法和建立制度。这一点其实从2004年至今的非遗保护法律与政策发展历程上看已经表现得非常明显了，2011年通过了"非遗法"，文化行政部门也大多有专门科室负责非遗工作，各地在文化馆的基础上扩展或新建非遗保护中心等都是立法和建立制度的具体体现。其二，在规划方面，即在文化发展规划或地方发展规划中加入非遗保护相关的内容，或者由政府部门建立专门的非遗保护规划。

在微观层面，主要包括普查、静态保护和动态保护三类：其一，调查（普查），其目的是搞清楚非遗的传承与保护现状，2005年非遗保护工作开展之初，文化部就下发了《关于开展非物质文化遗产普查工作的通知》，着手开展普查工作，《中华人民共和国非物质文化遗产法》也将调查作为重要的一章加以规定，其后针对老字号、非遗档案、地方戏曲剧种等都开展了普查工作（见表3-4）。其二，静态保护，即对非遗及其传承人通过建档、保存、抢救性记录等方式将相关信息资源留存下来的一种保护方式，如《中华人民共和国非物质文化遗产法》规定："非物质文化遗产调查，应当对非物质文化遗产予以认定、记录、建档，建立健全调查信息共享机制。……应当收集属于非物质文化遗产组成部分的代表性实物，整理调查工作中取得的资料，并妥善保存……建立非物质文化遗产档案及相关数据库。"（P08）几乎所有的法律和政策文本中都提及静态保护的相关措施。其三，动态保护，即对非遗项目及其传承人通过建立名录、给予政策和经济等方面的扶持，让他们继续从事非遗工作，并吸引更多的人从事非遗工作，以确保非遗项目获得持续的发展；同时，通过传承、传播和开发性保护等方式，让更多的人理解、认识非遗，以扩大影响，进而保持发展。从政策文本看，建立名录、政策扶持（见表3-4传承部分）和开发性保护是实现动态保护的三条主要路径。

表3-4 法律与政策文本中非遗保护与传承的措施

方式	具体描述
立法与建立制度	加强文化遗产保护法律法规建设，推进文化遗产保护的法制化、制度化和规范化（P04） 实施非物质文化遗产传承发展工程，进一步完善非物质文化遗产保护制度（P13）
制定规划	制定国家级非物质文化遗产保护整体规划（P05） 制定文物保护和非物质文化遗产保护专项规划（P13）
调查（普查）	全面了解和掌握各地各民族非物质文化遗产资源的种类、数量、分布状况、生存环境、保护现状及存在问题，制定非物质文化遗产保护规划（P03） 全面了解和掌握非物质文化遗产资源的种类、数量、分布状况、生存环境、保护现状及存在的问题，及时向社会公布普查结果（P04） 保护老字号，首先要做好对老字号非物质文化遗产的普查（P06） 文化主管部门和其他有关部门进行非物质文化遗产调查（P08） 2015年7月至2017年6月，在全国范围内开展地方戏曲剧种普查（P11）
建档、保存（记录）	通过搜集、记录、分类、编目等方式，为申报项目建立完整的档案（P02） 用文字、录音、录像、数字化多媒体等手段，对保护对象进行真实、全面、系统的记录，并积极搜集有关实物资料，选定有关机构妥善保存并合理利用（P02） 要运用文字、录音、录像、数字化多媒体等各种方式，对非物质文化遗产进行真实、系统和全面的记录，建立档案和数据库（P02） 经各级政府授权的有关单位可以征集非物质文化遗产实物、资料，并予以妥善保管（P02） 运用文字、录音、录像、数字化多媒体等方式，对非物质文化遗产进行真实、系统和全面的记录（P03）

续表

方式	具体描述
	国务院文化行政部门组织建立国家级非物质文化遗产数据库（P05） 国家级非物质文化遗产项目保护单位应采取文字、图片、录音、录像等方式，全面记录该项目代表性传承人掌握的非物质文化遗产表现形式、技艺和知识等，有计划地征集并保管代表性传承人的代表作品，建立有关档案（P07） 各地在开展老字号普查的过程中，要特别注意对老字号的传统手工技艺、资料和实物的收集与整理工作。采取录音、录像、文字、绘图等手段，对各地老字号现存的资源状况进行详细的调查和记录，收集珍贵的历史资料和实物。……要建立老字号的相关档案或数据库（P06） 国家对非物质文化遗产采取认定、记录、建档等措施予以保存（P08） 非物质文化遗产调查，应当对非物质文化遗产予以认定、记录、建档，建立健全调查信息共享机制。应当收集属于非物质文化遗产组成部分的代表性实物，整理调查工作中取得的资料，并妥善保存。建立非物质文化遗产档案及相关数据库（P08） 【抢救性记录包括已有资料的调查搜集和抢救性采集两大方面，其中】资料搜集内容包括纸质文献、数字及音像文献和实物文献。传承人抢救性采集工作以视频采集为主，并辅助以录音、拍照、文字记录等多种方式，采集内容主要包括传承人口述、传承人项目实践活动和传承人传承教学等（P10） 建立地方戏曲剧种数据库和信息共享交流网络平台（P11） 鼓励将符合条件的地方戏曲列入非物质文化遗产名录，实施抢救性记录和保存（P11） 实施中国京剧音像集萃计划（P11） 完善非物质文化遗产、馆藏革命文物普查建档制度（P13）
抢救和保护	采取切实可行的具体措施，以保证该项非物质文化遗产及其智力成果得到保存、传承和发展，保护该遗产的传承人（团体）对其世代相传的文化表现形式和文化空间所享有的权益，尤其要防止对非物质文化遗产的误解、歪曲或滥用（P02） 认定和抢救一批具有历史、文化和科学价值的、处于濒危状态的非物质文化遗产的项目（P03） 对文化遗产丰富且传统文化生态保持较完整的区域，要有计划地进行动态的整体性保护。对确属濒危的少数民族文化遗产和文化生态区，要尽快列入保护名录，落实保护措施，抓紧进行抢救和保护（P04） 采取有效措施，抓紧征集具有历史、文化和科学价值的非物质文化遗产实物和资料，完善征集和保管制度。有条件的地方可以建立非物质文化遗产资料库、博物馆或展示中心（P04） 加大对国家重要文化和自然遗产、国家级非物质文化遗产等珍贵遗产资源保护利用设施建设的支持力度（P13） 鼓励各地对传统工艺集中的乡镇、街道和村落实施整体性保护（P14）

方式	具体描述
建立名录	地方各级文化主管部门要协同商务主管部门，对于老字号所蕴含的传统技艺和经营理念，根据其历史、文化和科学价值，分别纳入省、市、县级的非物质文化遗产名录，切实加以保护。……对商务部认定的"中华老字号"，符合条件的要优先列入省级名录并申报第二批国家级非物质文化遗产名录（P06） 国务院建立国家级非物质文化遗产代表性项目名录，省、自治区、直辖市人民政府建立地方非物质文化遗产代表性项目名录（P08） 以国家级非物质文化遗产代表性项目名录为基础，对具备一定传承基础和生产规模、有发展前景、有助于带动就业的传统工艺项目，建立国家传统工艺振兴目录（P14）
传承	通过社会教育和学校教育等途径，使该项非物质文化遗产的传承后继有人，能够继续作为活的文化传统在相关社区尤其是青少年当中得到继承和发扬（P02） 建立科学有效的非物质文化遗产传承机制。对列入各级名录的非物质文化遗产代表作，可采取命名、授予称号、表彰奖励、资助扶持等方式，鼓励代表作传承人（团体）进行传习活动（P02） 各地在老字号的保护工作中，要将老字号的代表性传承人作为保护和扶持的重要对象（P06） 实施当代昆曲名家收徒传艺工程，做好优秀昆曲传统折子戏录制工作（P11） 实施戏曲剧本孵化计划，文化产业发展专项资金对戏曲企业的优秀戏曲剧本创作项目予以支持（P11） 支持戏曲剧本创作，支持戏曲演出，改善戏曲生产条件，支持戏曲艺术表演团体发展，完善戏曲人才培养和保障机制（P11） 扩大非物质文化遗产传承人队伍（P14） 将传统工艺作为中国非物质文化遗产传承人群研修研习培训计划实施重点（P14） "中国民间文化艺术之乡"含非物质文化遗产代表性项目的，应注重其整体性和传承性，在提供传承场所、开展传承活动、培养后继人才、保存实物资料等方面对非物质文化遗产代表性项目和代表性传承人予以扶持（P15）
传播	利用节日活动、展览、观摩、培训、专业性研讨等形式，通过大众传媒和互联网的宣传，加深公众对该项遗产的了解和认识，促进社会共享（P02） 县级以上人民政府文化主管部门根据需要，采取下列措施支持非物质文化遗产代表性项目的代表性传承人开展传承、传播活动（P08） 加强学校戏曲通识教育。扩大戏曲社会影响力（P11） 继续开展非物质文化遗产进校园等活动。……鼓励有关部门和社会组织积极参与或组织传统工艺相关活动（P14）

续表

方式	具体描述
开发性保护	加强对非物质文化遗产生产性保护的调查研究与整体规划，编制促进非物质文化遗产生产性保护的行动计划，将非物质文化遗产生产性保护纳入本地区经济社会发展规划（P09） 鼓励具备条件的文化文物单位在确保公益目标、保护好国家文物、做强主业的前提下，依托馆藏资源，结合自身情况，采取合作、授权、独立开发等方式开展文化创意产品开发（P12）

注：表中"【 】"内的内容为笔者根据上下文添加。内容参见表3-1的15份法律政策文本。

第三节　白族口承文艺非遗保护与传承的基层实践

笔者通过多次深入白族地区实地调研获得了宝贵的第一手资料，从实地调研的情况看，云南省和大理地区的文化行政部门、档案行政部门都依据相关法律和政策开展白族口承文艺非遗保护和传承的管理工作，如依据相关法律和政策制定了《云南省非物质文化遗产项目代表性传承人认定与管理办法（试行）》《云南省民族民间传统文化保护条例》《大理州非物质文化遗产项目代表性传承人认定与管理办法》《大理州非物质文化遗产项目保护与管理办法》，省级、州（市）级、县级文化行政部门管理和监督非遗保护和传承相关工作。档案行政部门则主要从国家档案馆资源建设的角度鼓励开展口述档案、少数民族档案抢救等工作。传承人在国家相关政策支持和鼓励下积极参与保护和传承工作，主要进行表演和授徒等具体工作。但是白族口承文艺非遗保护和传承的基层实践情况与政策文本分析结果的拟合度并不高，分述如下。

一　基层传承人认定工作存在瑕疵

对白族口承文艺非遗项目进行保护和传承已经获得社会各界的广泛认同，政府层面也出台了一系列的相关政策，文化部门对相关项目和传承人进行了认定，并给予了一定的资金支持。通过调研发现目前对非遗的认定仍然存在一些有待改进的地方，主要是基层非遗传承人认定不够科学合理。非遗的保护和传承离不开传承人，而在传承人的认定中也不能忽视基层工作的重要性。笔者调研中访谈的很多艺人都表达了对基层传承人认定工作的不满，主要认为传承人认定标准和认定结果不够公平。据大本曲艺人戴四达讲述，一些仅会唱一些小调的人，也因各种原因被认定为传承人，他虽然写、唱俱佳，并对大本曲文化有一定研究，也积极申报过传承人，却未获得认定，研究者王小亚①在论文中把他作为大本曲第三代南腔艺人代表，但他未被官方认定为传承人。据某位大本曲艺人讲述，"一个以前卖猪肉的也由于种种原因被认定为传承人"，他认为政府推举的部分传承人无法得到业内的广泛认可。导致基层传承人认定存在不合理之处的原因主要是认定标准中有一些条款缺乏可操作性，例如表演年限和场次这样的标准无据可查、无证可考，申报人可以随意填写，不需要提供可靠的证明材料，这需要基层政府部门进一步改进认定标准，使认定标准具有较强的可操作性，保证认定过程和结果公开、公正，能够得到业内的广泛认可。

二 非遗保护与传承工作由多元主体参与并各自为政

目前白族口承文艺非遗的保护和传承工作受到社会的广泛关注，出现了多元主体广泛参与的局面，多元主体主要由文化行政管理部门、档案馆、博物馆、图书馆、学术研究机构、传媒机构、非遗传承人等构成。不同组织性质的参与主体的工作目的、工作方法和工作重点各有不同。

其一，文化行政部门发挥了政策主导作用。《中华人民共和国非物质文化遗产法》第十二条规定："文化主管部门和其他有关部门进行非物质文化遗产调查，应当对非物质文化遗产予以认定、记录、建档，建立健全调查信息共享机制。其他有关部门取得的实物图片、资料复制件，应当汇交给同级文化主管部门。"② 可以看出，这从法律层面明确了文化行政部门在非遗保护和传承工作中的主体地位，实践中各级文化行政管理部门在非遗项目和代表性传承人申报、认定和管理方面已经开展了系统、全面的工

---

① 王小亚:《白族大本曲的传承与发展研究：从传播学视角》，硕士学位论文，云南大学，2011，第 34 页。

② 《中华人民共和国非物质文化遗产法》，《中华人民共和国全国人民代表大会常务委员会公报》2011 年第 2 期。

作。文化行政部门还积极牵头组织大本曲、吹吹腔和白剧的各类展演活动，不但在大理地区组织开展各类演出，还组织优秀演出团体到省内外其他地区开展展演和宣传推介活动。笔者调研中了解到，赵冬梅一家多次受邀参加政府组织的省内外展演活动，例如赵冬梅受邀参加了 2017 年 8 月在上海豫园举办的云南大理民俗风情展演活动，该活动长达一个月，向中外观众隆重展演了白族大本曲、霸王鞭、剑川古歌等白族歌舞，东方卫视还报道了该活动，极大地提高了白族大本曲等非遗在省外地区的社会知名度和关注度。总之，文化行政部门还应进一步积极发挥其主导作用，多方协调各类社会参与主体，整体推动白族口承文艺非遗保护和传承工作。

其二，档案馆、图书馆、博物馆和学术研究机构等部门发挥了文献资源建设的作用。《中华人民共和国非物质文化遗产法》第三十五条规定："图书馆、文化馆、博物馆、科技馆等公共文化机构和非物质文化遗产学术研究机构、保护机构以及利用财政性资金举办的文艺表演团体、演出场所经营单位等，应当根据各自业务范围，开展非物质文化遗产的整理、研究、学术交流和非物质文化遗产代表性项目的宣传、展示。"[1] 这表明《中华人民共和国非物质文化遗产法》明确了文化行政部门的主导地位，同时也提出了以文化行政部门为主导的各方参与、共建共享的非遗工作机制，尤其是档案馆、图书馆、博物馆以及学术研究机构等具有文献资源优势和专业知识优势的部门应当重点参与非遗保护和传承工作。档案馆、图书馆和博物馆等部门参与非遗工作的主要目的是保存民族社会历史记忆，分别从各自业务领域出发，有重点地开展了一定范围的文献资源建设和实物收藏工作，保存了一些图书、报纸、论文、实物、照片、音频、视频类的资料。从实践工作层面来看，调研结果表明，当前各级各类档案馆、图书馆、博物馆和学术研究机构中保存有一定数量的白族口承文艺非遗文献资料，如大理白族自治州图书馆、大理大学图书馆、大理市档案馆等单位。位于大理古城蒋公祠内的大理市非物质文化遗产博物馆以大理市非遗为主题，较为丰富地展出了白剧、绕三灵、大本曲、吹吹腔、白族扎染、石宝

---

[1] 《中华人民共和国非物质文化遗产法》，《中华人民共和国全国人民代表大会常务委员会公报》2011 年第 2 期。

山歌会、三月街等非遗项目的相关资料。2016 年 11 月 11 日云南省首家州（市）级非遗博物馆——大理白族自治州非遗博物馆建成开馆，常年免费向公众开放，运用全息幻影成像、电子地图、多媒体展示、微缩场景、玻璃钢人像、3D 画面等先进信息技术，让观众充分感受大理非遗的独特魅力。[①] 其中第五展厅又叫白剧展厅，集中展示了吹吹腔、大本曲和白剧艺术，展出了大量珍贵的非遗文献和实物，例如，馆中展出的一把三弦是大本曲南腔代表艺人杨汉先生生前用过的，它除了历史久远之外最重要的意义是，在毛主席接见杨汉先生的时候，他就是用这把三弦为毛主席弹奏了一曲《大理三月好风光》。展厅还运用全息幻影成像的方式播放荣获多次大奖的白剧《榆城圣母》。[②] 云南大学、云南师范大学、云南艺术学院、云南省社科院、大理大学、大理白族自治州白族文化研究所等学术研究机构的多名学者对大本曲、吹吹腔、白剧有较为深入的研究，并收集保存了一定数量的文献资料。

其三，传媒机构发挥了非遗文化传播的作用。报社、杂志社、电视台、网络媒体等传媒机构从文化传播的角度，通过报道新闻、发表论文、录制发布视频材料等方式推动白族口承文艺非遗的文化传播工作。大理日报社、《大理文化》杂志、大理电视台、大理电视网等是比较集中和持续报道和传播白族口承文艺非遗文化的传媒机构。

其四，传承人积极发挥了传承主体的作用。传承人是白族口承文艺非遗的传承主体，传播和传承大本曲、吹吹腔和白剧艺术是其责任和义务。调研结果表明，大本曲、吹吹腔和白剧的传承人多数都非常积极地参与到了非遗传承工作中，积极参加各类比赛、演出、授徒工作，并保存了一定数量的文献资料和实物。例如，笔者通过深度访谈大本曲传承人赵冬梅了解到，她每年的表演场次有 300 多场，基本上平均每天 1 场，可见演出是宣传和传播大本曲非遗文化的首选途径。她多次在云南省、大理州、大理市组织的演唱比赛中获奖，2012 年 6 月还被邀请参加第二届巴黎中国曲艺

---

① 《大理州非遗博物馆开馆》，云南省文化和旅游厅官网，http://www.ynta.gov.cn/Item/29063.aspx，2019 年 8 月 10 日。

② 《双 11，大理州非物质文化遗产博物馆将正式开馆，并免费开放》，来大理网，http://www.comedali.com/pc/article/id/2652，2019 年 8 月 10 日。

节，她表演的《麻雀调》获得银奖，后被云南省文联授予云南文艺基金贡献奖。大理地区的一些中小学也邀请知名艺人到学校开展大本曲的教学活动，真正做到了非遗传承从娃娃抓起。例如笔者通过赵冬梅的微信朋友圈了解到，2017 年 4 月，由大理州非遗中心主办的"国家级非遗传承人赵丕鼎大本曲《保护洱海》进校园活动"在大理州喜洲镇作邑完全小学举行，赵丕鼎团队教授小学生学习其原创的大本曲《保护洱海》，既让孩子们了解了白族大本曲，也增强了他们的环保意识，此活动效果很好，值得广泛推广。传承人既是非遗的传承主体也是文献资料的形成主体之一，他们从实用性和纪念性的角度出发，留存了大量剧（曲）本、照片、道具和表演音视频等类型的非遗材料，但传承人缺乏保管条件和保管专业知识，保管状况不乐观。

从实地调研的情况看，尽管文化行政管理部门、档案馆、博物馆、图书馆、学术研究机构、传媒机构、非遗传承人等参与主体都从不同角度、出于不同目的参与和推动了白族口承文艺非遗的保护和传承工作，但总体上还处于各自为政的状态。实地调研中发现，部分参与主体之间开展了一些零星的互动和合作活动。其一，文化行政部门和非遗传承人之间会有零散的互动和一定的合作关系，比如在非遗申报和认定的过程中，文化行政管理部门和传承人之间会形成一段时期的互动和合作关系，但当申报工作完成以后，这种互动便减少了，合作关系便趋向于松散；其二，部分学术研究机构的学者通过田野调查的方式和传承人有一些合作和互动；其三，传媒机构和传承人有一定程度的合作和互动；其四，档案馆和图书馆等组织跟传承人之间较少进行直接互动和合作，主要是通过收集和保管相关文献资料形成间接合作关系；其五，个别非遗博物馆跟传承人有较为紧密的合作关系，笔者在实地调研中了解到，位于大理古城蒋公祠的大理市非遗博物馆中陈列的与大本曲相关的曲本、道具、三弦等都由传承人赵丕鼎提供，并且赵丕鼎表演团队每天上午都在此处为游客表演大本曲，可见这种合作关系较为紧密和稳定。总体而言，目前参与主体之间明显缺乏统一、稳定的协同机制，现有的参与主体之间的合作关系主要是围绕传承人展开的"一核多元"的零散型合作关系（见图 3-1），根本原因在于传承人具有明显的非遗资源优势，非遗资源是保护和传承的前提和基础，因此各参

与主体开展相关工作都需要向传承人获取非遗文献材料，很明显，这种
"一核多元"的零散型合作关系是以资源为导向的。另外，除传承人以外
的其他参与主体之间的合作和互动较少，更谈不上形成稳定的、长效的协
同机制了，这也是应当引起重视的问题。

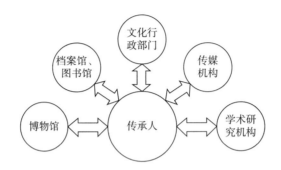

图3-1 多元参与主体的"一核多元"的零散型合作关系

三 传承人生存状况整体欠佳

（一）多数传承人是兼职状态，整体收入不高

白族口承文艺非遗领域的传承人中目前全职从事非遗活动的艺人很
少，只有白剧团的演员属于事业单位编制，基本是全职从事非遗活动。其
他多数民间传承人都是农民，都是兼职从事非遗活动，主要原因就是从事
相关表演和授徒活动的经济收入不高，如果全职表演和授徒就无法支撑家
庭开支，因此大多数艺人都是半职业状态，除了通过表演和授徒活动赚取
一定的经济收入以外，还有其他工作，表演和授徒活动只是副业。很多艺
人的主要工作是从事农业生产或做小生意，表演活动一般是受旅游公司邀
请到旅游景点表演，除此之外还有个人邀请、政府邀请或其他组织邀请的
表演，授徒活动多数是免费的，有个别艺人是收费授徒。比如，国家级传
承人赵丕鼎先生除了从事非遗传承活动，他还种了十多亩农田；赵冬梅和
赵福坤姐弟二人均在大理古城从事服装贸易工作，也是兼职从事传承活
动；李丽、戴四达、张亚辉、张杰兴等传承人均是如此。笔者通过调研了
解到，一些知名艺人每年表演的收入为3万元左右，并不算高，其他知名
度不高的艺人收入估计更少。据吹吹腔代表性传承人张杰兴介绍，农村业

余吹吹腔剧团的经费基本上是村民给一点、政府给一点，演员表演基本都是本村农民兼职表演。他年轻的时候还出去打工，目前在家也是主要做农活，兼职担任吹吹腔传承人和唱大本曲。他认为，唱吹吹腔都是自娱自乐、贴补家用，并不能依靠它养家糊口。由于表演的收入并不高，无法靠全职表演谋生，艺人们自然无法全身心投入白族口承文艺非遗的表演和传承中，这也是阻碍其发展的障碍之一。

（二）传承人的年龄整体偏大，后备人才匮乏

当前我国非遗传承人整体进入老龄时代，"人亡艺绝"的危机非常紧迫。2018年5月16日，文化和旅游部公布的第五批国家级代表性非遗传承人有1082人，80岁以上107人，占比9.89%；70～79岁有237人，占比21.90%；60～69岁有287人，占比26.52%；40～59岁有444人，占比41.03%；40岁以下只有7人，占比0.65%。[①]可见60岁以上的传承人占比接近60%，显然传承人整体年龄偏大。白族口承文艺非遗代表性传承人的年龄情况与之相似，如表3-5所示，笔者通过查阅政府文件、收集文献资料和实地调研了解到的大本曲、吹吹腔、白剧的州（市）级以上传承人的部分信息。据统计，目前大本曲、吹吹腔、白剧的州（市）级以上传承人的平均年龄约66岁，以男性居多，可见白族口承文艺非遗代表性传承人的年龄整体偏大，性别也存在一定的不平衡问题。

表3-5　大本曲、吹吹腔、白剧的州（市）级以上传承人信息

项目名称	传承人级别	批次	姓名	性别	出生年	年龄	备注
大本曲	国家级	第二批	赵丕鼎	男	1942年	76岁	白族绕三灵国家级传承人
	省级	第二批	杨振华	男	1956年	62岁	
		第三批	张亚辉	男	1955年	63岁	
		第二批	杨兴廷	男	1938年	80岁	
		第二批	段凤清	男	1953年	65岁	
		第二批	刘沛	男	1938年	80岁	

---

① 《云南56人入选第五批国家级非遗传承人，看看有你认识的吗?》，云南非物质文化遗产保护网，http://www.ynich.cn/view-11510-3787.html，2019年5月28日。

项目名称	传承人级别	批次	姓名	性别	出生年	年龄	备注
		第五批	李 丽	女	1964 年	54 岁	又名李润凤
		第六批	赵冬梅	女	1971 年	47 岁	
	州级	第二批	杨美华	女	1948 年	70 岁	
		第二批	张国兴	男	1946 年	72 岁	
		第三批	杨现平	男	1970 年	48 岁	
		第四批	赵政忠	男	1949 年	69 岁	
吹吹腔	省级	第三批	张杰兴	男	1954 年	64 岁	
		第四批	赵彭云	男	1950 年	68 岁	
		第三批	张立泽	男	1932 年	86 岁	
		第五批	张志天	男	1939 年	79 岁	
		第五批	张国藩	男	1953 年	65 岁	
		第六批	李映川	男	1951 年	67 岁	
	州级	第三批	杨会池	女	1968 年	50 岁	
白剧	省级	第六批	张绍奎	男	1943 年	75 岁	
		第六批	叶新涛	女	1945 年	73 岁	
	州级	第二批	杨益琨	女	1964 年	54 岁	

注：年龄据调研时间计算。

在传承人整体年龄偏大的困境下，多数年轻人又不愿意学习和从事大本曲、吹吹腔、白剧等表演活动，导致后备人才匮乏。一方面由于现代文化的冲击，另一方面由于艺人的经济收益和社会地位都不是很高，在当今社会"出路决定思路"观念的主导下，愿意学习和从事大本曲、吹吹腔、白剧表演的年轻人越来越少，随着老一代传承人的逐渐老去，传承人将越来越少、越来越老。笔者实地调研了解到，在政府的政策和资金支持下，部分传承人开办了传习所和培训班，培养了一些学员，如赵丕鼎、赵冬梅在其位于大理市喜洲镇下作邑村的家中开办了免费的大本曲传习所；云龙县在当地政府的支持下也开办了吹吹腔文化传习所；张亚辉在位于大理市湾桥镇云峰村家中开办了收费制的"湾桥大本曲文化传习所"，该传习所无政府的补助、补贴。由于政府的很多政策落实不到位，资金支持也比较有限，一些培训班还是收费的，能够招收到的学员人数也相对有限，而且学员基本以闲置在家的中老年务农人员为主，因此后备人才培养数量总体情况并不乐观。另外就是后备人才培养的质量也堪忧，目前活跃的稍微年轻一点的艺人，主要也只是擅长表演，而创作能力不强，新学员也以年纪较大的农民为主，文化水平普遍不高，一旦老一辈会创作的艺人离世，白族口承文艺非遗的长久发展也将面临严峻的挑战。

（三）观众群体日渐萎缩

通过调研了解到，无论是大本曲、吹吹腔还是白剧都面临观众群体日渐萎缩的问题。目前观众主要有两类：一是旅游景点的游客。因为大理地区的很多旅游景点都邀请了艺人为游客表演，例如赵丕鼎、赵冬梅、赵福坤固定在大理古城蒋公祠表演，张亚辉固定在蝴蝶泉景区表演，李丽固定在金梭岛景区表演。另外每年的"三月街"、火把节、本祖节等民族节庆也成为大本曲、吹吹腔、白剧等白族民族艺术的固定表演时间，吸引外地游客观看，但游客观看基本都是走马观花，看看热闹，也基本听不懂。二是农村年纪较大的观众。应该说大本曲、吹吹腔、白剧等在白族村寨还是有一定的群众接受基础的，但基本都是老人喜爱，会去认真观看。而在当下社会娱乐方式和文化生活多元化的时代，年轻人当中喜爱观看这些传统艺术的观众非常少，这样白族口承文艺非遗就失去了最有活力的年轻观众市场。总体来看，白族口承文艺非遗的受众面比较窄，观众数量也比较少，真正能够听懂且非常喜爱的观众越来越少，观众群体呈日渐萎缩的态势。

第四节　白族口承文艺非遗信息资源建设的现实需求

一　信息资源建设是非遗保护的重要途径

就国内外非遗保护的理论研究和实践经验来看，针对非遗的保护大致可分为两方面，一方面是"动态保护"，另一方面是"静态保护"。通过实地调研了解到，目前针对白族口承文艺非遗开展的保护工作中，"动态保护"正在有序进行，已经取得了一定的进展，"静态保护"较为欠缺、进展缓慢。

"动态保护"主要是针对非遗具有显著的"活态性"的特点而言的，传承人的保护和进行生产性保护都属于"动态保护"的范畴，传承人是非遗的承袭主体，由于大本曲、吹吹腔、白剧的表演技艺的传承长期依靠口传心授和现场表演，为了避免"技在人身，技随人走，人亡技亡"的局面出现，我们强调传承人的动态保护。"动态保护"一般指通过一系列的激励措施，让原有传承人继续表演活动和传承活动，并不断吸引、培养新的传承人从事表演活动和传承活动，这些激励措施包括：在政治上，给予传承人和传承组织较高的社会地位和声望评价；在经济上，给予传承人一定的补贴和资金资助①；在法律上，对传承人的知识产权给予认可和保护；在政策上，对传承人从事的非遗生产活动和传承活动给予政策优待，进而达到保护和传承非遗的目的。

"静态保护"主要是用文字、照片、图片、录像、口述等手段记录大本曲、吹吹腔、白剧的历史文化和表演技艺，但目前的记录材料都较为零散，缺乏一定的持续性、完整性和系统性。黄永林认为对传承人的静态保护应当是通过录像、录音、照片拍摄、文字语言记录等方式，以及声像、图书、网络、信息库、数字化多媒体等手段，对传承人所传承的非遗资料进行持续的、完整的、真实的、系统的跟踪记录，在保持其真实面貌的基础上，制作成文件，建立起完整的档案，便于人们广泛使用，从而达到信息共享，起到学习、研究、传承、发展、弘扬的作用。② 按照这个思路，对白族口承文艺非遗的静态保护的关键应当是信息资源的建设，即通过文字、照片、图片、录音、录像、网络、数字化多媒体等手段，对大本曲、吹吹腔、白剧的相关资料进行持续的、完整的、真实的、系统的跟踪记录，在此基础上进行信息资源建设，形成系统的信息资源体系，为白族口承文艺非遗的传播、传承、研究和开发利用提供不竭动力。

对白族口承文艺非遗的保护，应当做到"动态保护"和"静态保护"

---

① 黄永林：《非物质文化遗产传承人保护模式研究：以湖北宜昌民间故事讲述家孙家香、刘德培和刘德方为例》，《中国地质大学学报》（社会科学版）2013年第2期。

② 黄永林：《非物质文化遗产传承人保护模式研究：以湖北宜昌民间故事讲述家孙家香、刘德培和刘德方为例》，《中国地质大学学报》（社会科学版）2013年第2期。

两手抓，既要重视"动态保护"，也要重视"静态保护"，"静态保护"与"动态保护"也不是完全孤立的，二者是紧密联系的，可以说是"动中有静，静中有动"。无论是对传承人的保护还是开展的生产性保护工作都离不开"静态保护"中形成的文字记录、图片、照片、音频、视频等信息资源的支持，多样的信息资源中蕴含着丰富的白族文化，活态的非遗传播和传承也需要有一定的载体形式。另外针对白族口承文艺开展的各种非遗保护和传承工作中也会形成大量档案材料作为原始记录。目前关于"动态保护"已经有很多学者做了理论探讨，形成一定的理论成果，并且在实践当中也进行了有益尝试，积累了一定的实践经验，而对白族口承文艺非遗的信息资源建设还未进行系统研究和深入实践，信息资源建设在白族口承文艺非遗保护中的重要性还未被社会各界充分认识，我们可以从以下三个方面认识信息资源建设是白族口承文艺非遗保护的重要途径。

（一）信息资源建设是《中华人民共和国非物质文化遗产法》规定的非遗保护的重要措施

《中华人民共和国非物质文化遗产法》第三条明确规定："国家对非物质文化遗产采取认定、记录、建档等措施予以保存，对体现中华民族优秀传统文化，具有历史、文学、艺术、科学价值的非物质文化遗产采取传承、传播等措施予以保护。"① 这从法律层面明确了认定、记录和建档工作是非遗保护工作中的重要措施，也强调了对非遗建档的必要性。认定工作主要是对非遗项目、非遗传承人、非遗保护区等进行认定并开展后续保护工作，基本上属于"动态保护"范畴。记录和建档主要是通过文字、拍照、录像等方式对非遗项目和非遗传承人的相关非遗活动进行记录并建立档案，这些工作属于"静态保护"，从信息资源的视角看，这些记录和建档工作实质上就是非遗信息资源的采集、组织、保存工作。可见进行非遗信息资源建设是有足够的法律依据和理论基础的。

（二）信息资源建设是白族口承文艺非遗"动态保护"的必要条件

目前针对白族口承文艺非遗的"动态保护"主要是围绕其"活态性"

---

① 《中华人民共和国非物质文化遗产法》，《中华人民共和国全国人民代表大会常务委员会公报》2011 年第 2 期。

的特点，开展生产性保护，并在保护过程中遵循"以人为本"的原则，注重对传承人保护。在开展白族口承文艺非遗的生产性保护和传承人保护的工作中需要大量的必要的信息资源作为支撑，生产性保护过程中个人和组织通过文字、拍照、录像等方式记录和保存表演和传承信息就是进行信息资源的采集。将传承人掌握的与白族口承文艺非遗相关的手稿、剧（曲）本、实物、照片、音频、视频等资料进行收集、整理、系统化就是使非遗转化成物质化的有形文化遗产。另外，在白族口承文艺非遗项目和传承人的认定工作中，缺乏有据可查的原始凭证是普遍存在的问题，而对非遗活动的记录和建档等信息资源建设工作即是记录非遗的表演技艺、传承谱系、发展历史等情况的原始凭证。

（三）信息资源建设是白族口承文艺非遗"静态保护"的主要途径

对白族口承文艺非遗的"静态保护"的关键应当是信息资源建设，也可以说信息资源建设是白族口承文艺非遗"静态保护"的主要途径，即非遗保护的各类型参与主体通过文字、照片、图片、录音、录像、网络、数字化多媒体等手段，对白族口承文艺非遗进行持续的、完整的、真实的、系统的跟踪记录，在保证其原始记录性的基础上，形成系统的可资利用的信息资源体系，使活态的非遗转化成固化的信息资源，从而实现对白族口承文艺非遗的"静态保护"，为白族口承文艺的传承和发扬提供保障。

二 信息资源建设的整体状况堪忧

（一）大量珍贵的非遗文献资料未留存下来

通过实地调研了解到，由于白剧是中华人民共和国成立以后产生的，其文献资料留存状况相对较好，据大理白族自治州白剧团的陈红权介绍，白剧团设有专门的资料室保存剧目材料、获奖材料、演出材料等文献资料，其资料室的管理也相对规范，必须要有相关部门的批准和介绍信才能到资料室查询相关文献资料。

相比而言，由于大本曲和吹吹腔历史悠久且主要流传于民间，其文献资料的留存情况就很不理想了。大本曲和吹吹腔的历史最少也有几百年了，真正能够流传至今的记录和反映大本曲和吹吹腔历史的文献数量却很少，能够留存至今的主要都是中华人民共和国成立以后的文献资料，民国期间和清朝以前的文献资料极少见到。

其一，大本曲的"海东腔"曾一度失传。作为大本曲"三腔"之一的"海东腔"据说过去曾经兴盛过，但在新中国成立以前已经失传，直到20世纪60年代，出现了代表性艺人李明璋，其演唱中吸收和融合了南北腔的一些特点①，同时也将"大理民间小调""十二属""拳调""剑川白曲""泥鳅调"引入大本曲②，才将"海东腔"发扬光大并流传至今。我们通过现存的档案材料也可验证这一点，1958年出版的《大本曲音乐》是现存的最早系统记录大本曲音乐的档案材料，此书中只记录了"南腔"和"北腔"的唱腔，并没有记载"海东腔"的唱腔，而在1986年出版的两本《白族大本曲音乐》中都记录了海东腔的唱腔有正板、大哭板、小哭板、大白曲、莲花落、麻雀调、螃蟹调，书中记载的"海东腔"的唱腔主要源于李明璋的弹唱。可以想象，如果没有中华人民共和国成立以后对大本曲唱腔的抢救性保护，我们今天可能无法看到传统的、正宗的大本曲表演，也无法听到各种流派的唱腔。可见文献资料的保护对大本曲唱腔的流传至关重要，对白族口承文艺非遗的保护和传承也至关重要。

其二，许多传统大本曲曲目和吹吹腔剧目已失传。由于大本曲的传统曲目都是长篇曲目，大本曲表演者很难全本背诵记忆，一般都要对照曲本进行表演，因此曲本对大本曲表演艺人来说非常重要。一些学者对大本曲的曲目进行了考证，张文勋主编的《白族文学史》（修订版）认为大本曲的传统曲目有116本。由李缵绪撰写的《云南省大理白族地区大本曲说唱故事考察报告》指出当时在民间流传的曲本有121个。2003年出版的杨政业主编的《大本曲简志》指出大本曲曲目已达148个，这些曲目中存留唱本的有82个，只有曲名没有唱本的有66个。显然，大本曲流传至今，有曲名但没有曲本的曲目占到了1/3以上，连曲名都没有流传下来的就更加无从算起了。据文献记载吹吹腔的传统剧目有240余个，现在各业余剧团

———————

① 董秀团：《白族大本曲研究》，中国社会科学出版社，2011，第117页。

② 赵砚秋：《白族大本曲进入中学音乐教育的可行性研究——以大理州永平县一中为例》，硕士学位论文，云南师范大学，2016，第6页。

能流传下来的有剧本的不过几十个。可见对白族口承文艺非遗进行信息资源建设迫在眉睫，否则若干年以后还会有更多的曲目和剧目失传。

其三，很多传承人档案未留存至今。传承人是非遗的传承主体，无论是唱腔还是曲目、剧目都是传承人创作和形成的，除了很多记录唱腔、曲目和剧目的档案材料失传外，实物、手稿、照片等许多其他类型的传承人档案也未留存至今。

早期的许多老一辈艺人的实物、手稿、技艺等没有形成档案并很好保存，他们一旦过世，这些重要的信息资源便面临失传和损毁，当今的文献记载中也只能查到为数不多的老一辈著名艺人的姓名、唱腔流派、师承等简单的个人信息，对于传承人的艺术成就和艺术作品等信息则几乎查询不到。早在1986年李晴海先生就谈道："我感到不失时机地为民间曲艺优秀艺人建立艺术档案（包括立传、文字资料积累、录音录像等），探讨、总结民间曲艺自身的艺术规律，以及总结民间曲艺艺人的创作、表演等方面的经验，仍是今天继承传统、开拓曲艺新局面的至关重要的工作之一。"[1] 可见对老一辈大本曲艺人的个人信息、艺术作品、表演技艺、传承情况等没有形成系统的档案材料是非常可惜的。杨汉和黑明星是同一时期的老一辈艺人，他们分别是"南腔"和"北腔"的代表人物，由于杨汉先生的后人和徒弟比较注意其档案材料的保存和保护，很多档案留存至今。2000年由李晴海主编《白族歌手杨汉与大本曲艺术——杨汉先生诞辰105周年纪念文集》一书，记载了杨汉先生的生平、作品与艺术贡献。而有关黑明星先生的传承人档案，不知是何种原因，留存至今的则较少，能看到的有关黑明星先生的艺术成就和艺术作品的公开资料只有1958年出版的《大本曲音乐》和1986年出版的《白族大本曲音乐》，书中记录的"北腔"的唱腔主要都是由其弹唱。关于吹吹腔的一些老艺人，在现今能查到的文献资料中主要是在《白剧志》有一定的记载，简短记载了张相侯、李贵文、张秀明、劳万兴、杨文卫、李俊轩、尹述尧等人的一些个人简介，部分艺人的生卒年份都不详，更谈不上保存个人档案了。"海东腔"代表艺人李明璋虽然不到50岁就去世了，但留存的部分大本曲曲本、个人照片、手稿、

---

① 李晴海：《杨汉与大本曲艺术》，云南艺术学院研究室印，1986，第36页。

道具等档案直到今天对其女李丽的大本曲表演还发挥着重要作用。这表明，老一辈艺人的档案的形成对后人了解其生平、学习其技艺、认识其艺术成就都是不可或缺的，具有重要价值。

在世的传承人，由于档案意识薄弱，对其开展表演活动和传承活动的情况并未留存完整、准确的记录材料。笔者调研中了解到，地方文化行政管理部门一般只为市（州）级及以上的代表性传承人申报、建立和管理档案，满足行政管理的需要，其他组织和个人仅仅根据各自工作的实际需要留存了部分传承人档案，多数传承人由于缺乏档案意识、档案知识和保管条件，也仅仅留存了自己的部分档案材料，且保管状况不好，普遍存在丢失、虫蛀、鼠咬、水浸、损毁等现象。总之，在世的传承人的很多有价值的档案并未留存下来，留存下来的传承人档案也普遍存在保存不善的问题。

（二）传承人个人留存的文献资料丢失损毁现象比较严重

白族口承文艺非遗的保护和传承主体呈多元化状态，但大体可分为官方和民间两大类。总体来看官方主体的文献资料保管状况相对较好，基本能够按照本单位的具体业务规范进行保管，具有相对良好的保管条件，但这部分文献的数量有限、价值有限。而数量众多且价值宝贵的文献资料都分布在民间，多数都保存在传承人手中，这部分文献资料的保存状况很不乐观，令人担忧。

传承人保管的非遗文献资料主要有获奖证书、自传、文章、曲本、剧本、音视频材料。从笔者调研的结果来看，不同的传承人对保管文献的思想认识和保管状况也参差不齐，多数传承人保管意识不强，家中也不具备保管条件，保存下来的相关文献也不注意保管方式和方法，丢失、虫蛀、鼠咬、水浸、损毁的现象较为严重，很多档案内容难以准确识别。例如据省级传承人李丽说，她父亲（李明璋）生前留存有100多本大本曲曲本，但他去世后，她母亲烧了一部分，再加上别人借了一些没有归还，如今只剩下30多本了。笔者到其家中调研时见到了其中的21本，了解到她并没有对这些珍贵的曲本档案材料进行有序化保管，一些曲本也还存在水浸、污损、虫咬、字迹无法辨认的现象。在当地小有名气的大本曲一般性传承人戴四达家中保管的大本曲曲本的保存状况就更加不乐观，笔者看到的几十本曲本中，绝大多数都不同程度地存在破损、污渍、水浸、虫咬、鼠咬、字迹无法辨认的现象，导致很多档案内容无法准确辨识。吹吹腔省级传承人张杰兴保管的 25 本曲本破损情况很严重，所存的珍贵古戏袍也没有进行特殊保护，就是自然存放在戏台上，其 2009 年写的《吹吹腔之缘》（他自己手写，由文广局的人帮他打印为电子版，目前两个版本都还存在）破损、污渍、水浸情况也较为严重。

（三）文献资源数字化情况不理想

在非遗文献资源总体保存状况不乐观的局面下，对文献资源进行数字化处理成为有效的保护和利用白族口承文艺非遗文献的途径。纵观国内外的理论成果和实践经验，一般文献资源数字化的方式主要有建设数据库、建设专题网站、借助新媒体平台开发利用等，就白族口承文艺非遗而言，在数字化开发利用方面还比较欠缺，主要表现在以下几方面。

其一，缺少专题数据库。建设数据库是学术界众多学者提出的保护非遗资源的常见措施，现实中也有众多实践成功案例。调研中了解到，一些档案馆、图书馆、学术研究机构等单位开展了一定的文献资源数字化工作，但都相对比较零散，主要是从本部门具体工作出发开展的相关数字化工作，仅仅是零星地在一些民族文献数据库、非遗数据库中有所涉及，并没有针对白族口承文艺非遗的建设成熟的专题数据库。

其二，缺少专题网站。在网络时代，人们查找和利用信息的首选是网络资源，而网站是获取网络资源的窗口和平台，目前国内外已建成很多非遗专题网站，社会公众可登录网站了解非遗相关信息，在调研中笔者还未发现有关白族口承文艺非遗的专题网站，只有通过云南非物质文化遗产保护网（http://www.ynich.cn）、大理电视网（http://www.dalitv.net）、百度（https://www.baidu.com）、优酷（http://www.youku.com）、中国知网（http://www.cnki.net）等网络平台才能够查找到关于大本曲、吹吹腔、白剧的文字介绍、图片、视频、学术研究成果等网络信息资源。

其三，少数传承人利用信息技术和新媒体管理个人信息资源。近年来一些传承人的非遗保护意识正在逐渐增强，一些有一定信息资源保护意识的传承人开始注意保管其手中掌握的文献资源，同时也在改善保管条件，尤其是一些年轻的传承人开始尝试对文献资源进行数字化保存，他们能够使用电脑和手机等设备保存文献信息。例如，艺人赵福坤能够将其父赵丕鼎的大本曲曲本录入电脑，并打印出来使用，将原来的手稿保存起来。李丽也用平板电脑保存了很多自己的表演照片和视频。近年来新媒体的用户数量暴增，移动互联网用户数量已经超越传统互联网的用户数量，移动互联网应用已经深入社会的各行各业，成为人们生产、生活中必不可少的一部分。部分传承人也通过移动应用存储、传播和交流大本曲信息，尤其是一些艺人的个人微信账号非常活跃，例如赵冬梅的个人微信就经常发布个人及其家人表演、传承、传播大本曲的相关信息，也成为笔者关注和研究大本曲的重要的第一手网络资源。但能够利用新媒体及时、完整地管理个人档案的大本曲传承人毕竟是少数，无论是信息资源的数量还是质量都还不理想，还很难对其进行系统性开发利用。这部分具有一定信息资源保护意识的传承人还缺乏系统科学的信息资源建设理论知识和业务实践能力，他们所开展的简单、初级的个人信息管理工作还非常零散，并不能够改变白族口承文艺非遗信息资源建设工作总体滞后的现实。

三　白族口承文艺非遗信息资源建设的总体思路

白族口承文艺非遗信息资源建设的总体目标是更好地促进其保护和传承，具体目标是形成白族口承文艺非遗的信息资源体系，并更好地对其进行开发利用。

按照"目标—途径"的一般逻辑，白族口承文艺非遗信息资源建设的实现路径是必须要解决的重点问题。如图 3 - 2 所示，笔者结合相关理论成果和实践经验，梳理出了白族口承文艺非遗信息资源建设的总体思路。

白族口承文艺非遗信息资源建设的总体思路应当是以"非遗基本理论""信息资源建设理论"为理论基础，以"协同治理"为保障机制，以"信息资源共建共享平台"为主要抓手，围绕白族口承文艺非遗信息资源，科学、合理、高效、高质地完成信息资源采集、信息资源组织和信息资源开发利用等具体工作，进而更好地促进白族口承文艺非遗的保护和传承。

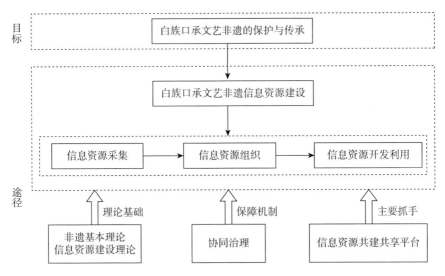

图 3 - 2 白族口承文艺非遗信息资源建设的总体思路

（一）以"非遗基本理论""信息资源建设理论"为理论基础

白族口承文艺非遗信息资源建设的目标实现必须落实到具体工作中去，而只有依据非遗基本理论，信息资源建设理论的指导白族口承文艺非遗信息资源建设的具体工作才有了理论基础，白族口承文艺非遗信息资源建设的总体思路才具有可行性。

非遗基本理论的形成时间并不长，国内比较系统地概括非遗基本理论的著作主要是王文章主编的《非物质文化遗产概论》（修订版），该书从历史与文化的总体高度，从国际与国内两个视角，为非遗抢救和保护工作提供了宏观的解决问题的思路。[1] 书中系统介绍了非遗的概念和价值、非遗保护的意义、国内外非遗保护的现状、非遗的分类、非遗的保护主体和传承主体、非遗保护的方法、非遗保护的法律机制等基本问题。这些基本理论的形成对白族口承文艺非遗的信息资源建设具有很强的理论指导意义，白族口承文艺非遗的信息资源建设也应在非遗基本理论的框架下展开，只有理解了非遗保护的基本概念、价值和意义才能认识到白族口承文艺非遗信息资源建设的价值和意义；只有了解了非遗的分类、非遗保护的方法、

---

① 王文章主编《非物质文化遗产概论》（修订版），教育科学出版社，2013，第 112~231 页。

非遗保护的法律机制等基本问题才能科学合理地规划白族口承文艺非遗信息资源建设的总体思路和具体工作；只有了解了非遗的保护主体和传承主体、国内外非遗保护的现状才能明确白族口承文艺非遗信息资源建设的重点工作和关键所在。按照非遗基本理论的指引，白族口承文艺非遗信息资源建设首先应明确"谁来进行信息资源建设""对哪些信息资源进行建设""怎样开展信息资源建设"等问题，这些问题也将在后文中分别讨论。

信息资源建设使无序的信息成为可以利用的重要资源，信息资源建设促进了信息资源的深层次开发和远距离获取，为人们利用信息带来极大的便利。[①] 信息资源建设理论已经较为成熟和系统，信息资源建设的理论体系也较为完善，信息资源建设理论主要包括基础理论、文献信息资源建设理论、数字信息资源建设理论、信息资源共建共享理论等相关理论，对白族口承文艺非遗的信息资源建设具有针对性的理论指导意义。信息资源建设基础理论有助于明确白族口承文艺非遗信息资源的概念、类型、价值和意义等基本问题；文献信息资源建设理论有助于明确白族口承文艺非遗的文献信息的采集、组织、开发利用等问题；数字信息资源建设理论有助于明确白族口承文艺非遗数字信息资源的整合、数据库建设等问题；信息资源共建共享理论有助于进行构建白族口承文艺非遗信息资源协同保障机制和搭建共建共享平台的理论探讨。

（二）以"协同治理"为保障机制

协同治理是指这样一个过程：政府与企业、社会组织或者公民等利益相关者，为解决共同的社会问题，以比较正式的适当方式进行互动和决策，并分别对结果承担相应责任。[②] 它具有六方面的特征：公共性、多元性、互动性、正式性、主导性、动态性。[③] 在非遗保护领域，我国政府较早地认识到了协同的重要性，2005 年《国务院办公厅关于加强我国非物质文化遗产保护工作的意见》提出："要发挥政府的主导作用，建立协调有

---

① 肖希明主编《信息资源建设》，武汉大学出版社，2008，第 32～33 页。
② 田培杰：《协同治理概念考辨》，《上海大学学报》（社会科学版）2014 年第 1 期。
③ 田培杰：《协同治理概念考辨》，《上海大学学报》（社会科学版）2014 年第 1 期。

效的保护工作领导机制。由文化部牵头，建立中国非物质文化遗产保护工作部际联席会议制度，统一协调非物质文化遗产保护工作。"① 另外，白族口承文艺非遗的保护与传承实践也呈现出多元主体参与的特征，这也决定了白族口承文艺非遗信息资源的建设必须引入协同治理理念，形成多元协同共建机制，通过形成稳定的、长效的协同共建机制，使各参与主体的法律地位更加明确、权利和义务更加明晰、协同共建关系更加稳定和广泛，进而形成白族口承文艺非遗信息资源的协同保障机制，后文中还将对协同保障机制进行深入探讨和分析。

（三）以"信息资源共建共享平台"为主要抓手

白族口承文艺非遗信息资源协同保障机制需要有载体和落脚点，搭建白族口承文艺非遗信息资源建设平台势在必行，有了这一平台的载体作用，就使得白族口承文艺非遗信息资源的协同共建工作的可操作性明显提升，该平台本质上是一个白族口承文艺非遗信息资源的共建共享平台。综观目前国内外成功的信息资源共建共享平台，都是借助于现代信息技术搭建的高效、便捷的共建共享的数字化平台。实地调研结果表明，白族口承文艺非遗信息资源分布具有明显的分散性、复杂性和多元性，在这种背景下，利用信息技术，搭建白族口承文艺非遗信息资源共建共享平台实施信息化管理，通过共建共享平台使信息资源的采集、组织、开发利用等环节提高效率和质量，满足多样化的社会需求。建设白族口承文艺非遗信息资源的共建共享平台是当前形势下白族口承文艺非遗信息资源建设的主要抓手，有了这个抓手能够高效、高质量地开展信息资源采集、组织、开发利用等具体工作，进而更好地实现白族口承文艺非遗信息资源建设的目标。

---

① 《国务院办公厅关于加强我国非物质文化遗产保护工作的意见》，《中华人民共和国国务院公报》2005 年第 14 期。

第四章

白族口承文艺非遗信息资源协同
保障机制的构建

第一节 协同保障机制分析模型的提出

尽管文化行政部门、档案馆、博物馆、图书馆、学术研究机构、传媒机构、非遗传承人等参与主体都从不同角度、出于不同目的参与和推动了白族口承文艺非遗的保护和传承工作，但总体上还处于各自为政的状态。部分参与主体之间开展了一些零星的互动和合作活动，缺乏稳定的协同机制，没有协同机制会给白族口承文艺非遗信息资源建设带来较大的障碍，主要表现在两方面：一是缺少统一的信息资源建设规范；二是缺少信息资源共享途径。

其一，缺少统一的信息资源建设规范。由于各方参与主体没有形成稳定的合作关系，在实践中各参与主体也没有形成统一的信息资源建设规范制度、规则和方法，只是按照本组织内部的工作方式对现有的信息资源进行一定的分类和组织工作。实地调研结果表明，文化行政部门的信息资源建设工作主要是依"传承人"建档和依"非遗项目"建档，档案内容基本上是传承人和非遗项目的申报材料，并不能全面反映白族口承文艺非遗信息。档案馆开展的工作主要是对非遗项目进行一定的收集和整理工作，其中涉及一些知名传承人的档案材料。另外，调研中还发现大理地区的市、县级档案馆的非遗建档工作情况要优于州级档案馆，比如大理市档案馆的非遗建档工作情况较好，笔者在调研中获得了较丰富的研究材料，而在大理州档案馆调研中却没有获得与本书研究有关系的素材。图书馆较少开展有针对性的白族口承文艺非遗的信息资源建设工作，主要是按照图书馆业务工作方式对相关文献进行采购、编目、流通等操作。博物馆开展了一定的白族口承文艺非遗展览工作，尤其大理市非遗博物馆对白族的代表性非遗项目是按照项目分类举办的展览活动。传承人的信息资源意识参差不齐，部分传承人有一定的信息资源意识，对手中掌握的非遗资料进行了一些有序化处理，主要是按照载体形式进行了简单分类保管，多数传承人信息资源意识薄弱，较少对非遗资料进行整理，也不太注意对非遗资料进行保管。传媒机构采访传承人形成的视频、音频、电子文档等资源都有时间属性和主题属性，具有一定的有序化特征。

其二，缺少信息资源共享途径。共享性是信息资源的本质属性之一，信息技术的飞速发展给信息资源共享提供了条件，信息资源共享是非遗事业适应社会发展趋势的必由之路，非遗是全社会的重要文化遗产，理应形成非遗信息资源共建、共享的有效途径。实地调研中了解到，当前白族口承文艺非遗信息资源的共享现状不够理想，主要体现在：一是知识产权问题遏制共享意愿。很多掌握非遗信息资源的传承人由于担心知识产权被侵犯，不愿意跟其他组织或个人共享信息资源，例如，据大本曲省级传承人李丽及其家人讲述，2001 年某出版社通过地方文化局的介绍，采访了李丽女士，称要拍摄她演唱的大本曲并在电视台播放，李丽女士及一位三弦艺人专门演唱了大本曲（两人每人获得了 300 元的误工费），而后来出版社则将拍摄内容制作为光盘并公开出版，这引起了李丽等人的不满，他们认为自己的知识产权被侵犯，并起诉了云南音像出版社。此外，在调研中还遇到很多传承人不愿意把曲本、剧本、文献材料示人，担心知识产权受到侵犯的情况。不单是传承人，文化行政部门、传媒机构、档案馆、学术研究机构等组织也时常由于知识产权的问题不愿意跟其他组织和个人共享信息资源。二是各参与主体之间存在信息不对称，信息资源重复建设的情况。由于知识产权的问题，各参与主体之间的信息资源共享情况不理想，无法完成广泛、深入的信息共享，使得各参与主体之间存在信息不对称的现象，导致信息资源重复建设，比如调研中在档案馆、博物馆、学术研究机构等单位都能看到很多同样的非遗信息资源，这属于重复建设，浪费资源。再比如笔者在文献调查中收集到的一些有关大本曲曲本和音乐的文献资料连知名艺人赵丕鼎、赵冬梅都未曾看过，笔者主动跟他们分享，他们也很乐意接纳，从而增强了彼此的互信，这表明没有有效的共享机制和共享途径，必然导致各参与主体之间的信息不对称和资源重复建设问题的出现，这是开展白族口承文艺非遗信息资源建设工作中应重视的问题。

从全社会来看，体制不畅、权责交叉等现象是管理领域的普遍问题。近 30 年来，为了应对社会问题日益复杂和政府资金短缺所带来的挑战，政府、企业、非政府组织、公民之间跨部门互动的相关实践在各国都非常普遍，理论界随之进行了大量的相关研究，取得了丰富的研究成果。其中出现了很多相似的概念，但最终逐渐倾向于使用"协同治理"（Collaborative Governance）这一概念来指代这种跨部门协同合作的现象。① 目前已经产生了多个典型的用于分析协同行为的模型/框架，例如加州大学伯克利分校的克里斯·安塞尔（Chris Ansell）和加什·艾莉森（Gash Alison）2008 年提出了一个协同治理模型（如图 4 - 1 所示），该模型由初始条件（Starting

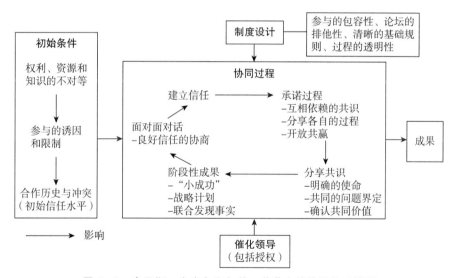

图 4 - 1　克里斯·安塞尔和加什·艾莉森的协同治理模型

资料来源：C. Ansell, G. Alison, "Collaborative Governance in Theory and Practice," *Journal of Public Administration Research & Theory* 4 (2008)：543 - 571.

---

① 田培杰：《协同治理概念考辨》，《上海大学学报》（社会科学版）2014 年第 1 期。

Conditions)、制度设计（Institutional Design）、催化领导（Facilitative Leadership）和协同过程（Collaborative Process）四个宽泛的变量组成，每个变量又被分为多个子变量，其中协同过程是核心变量，其他三个变量作为限定因素或背景假设体现于协同进程中，而协同进程本身也是循环的和非线性的互动过程。[1]

再如，明尼苏达大学的约翰·布赖森（John M. Bryson）等学者 2008 年提出了一个跨部门合作的分析框架（见图 4-2），该框架将协同过程归

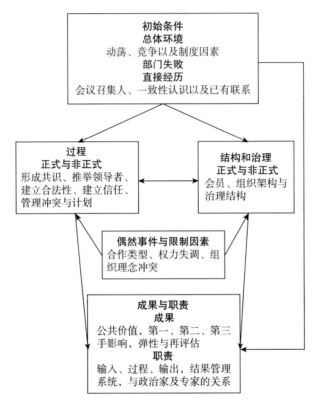

图4-2 约翰·布赖森等人的跨部门合作分析框架

资料来源：J. M. Bryson, B. C. Crosby, M. M. Stone, "The Design and Implementation of Cross-Sector Collaborations: Propositions from the Literature," *Public Administration Review* 66 (2006): 44-55.

---

[1] C. Ansell, G. Alison, "Collaborative Governance in Theory and Practice," *Journal of Public Administration Research & Theory* 4 (2008): 543-571.

纳为初始条件（Initial Conditions）、过程（Process）、结构和治理（Structure and Governance）、偶然事件与限制因素（Contingencies and Constraints）、成果与职责（Outcomes and Responsibility）五个部分。[①]

我国学者朱春奎和申剑敏也在批判借鉴相关理论的基础上，提出了分析跨域合作与治理的 ISGPO 模型（见图 4 - 3），该模型包含初始条件、结构、治理、过程、结果等五个维度。[②]

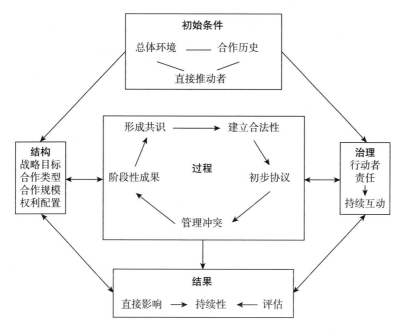

图 4 - 3 朱春奎和申剑敏的跨域治理 ISGPO 模型

资料来源：朱春奎、申剑敏《地方政府跨域治理的 ISGPO 模型》，《南开学报》2015 年第 6 期，第 49~56 页。

上述模型/框架从不同视角描绘了协同治理的影响因素、结构、过程、参与者等重要变量，本书在充分吸收上述协作治理分析模型的基础上，从白族口承文艺非遗信息资源建设的现实状况和实际需求出发，从协同基础、协同平台、协同过程、协同行动者和协同结果五个维度建立分析模型（见

---

① J. M. Bryson, B. C. Crosby, M. M. Stone, "The Design and Implementation of Cross-Sector Collaborations: Propositions from the Literature," *Public Administration Review* 66 (2006): 44 - 55.

② 朱春奎、申剑敏：《地方政府跨域治理的 ISGPO 模型》，《南开学报》2015 年第 6 期。

图4-4)，分析协同开展白族口承文艺非遗信息资源建设的条件、基础、平台和参与者等重要变量，以期通过系统分析发现其协同治理的优势及存在的问题，进而探讨白族口承文艺非遗信息资源协同保障体系的实现路径问题。

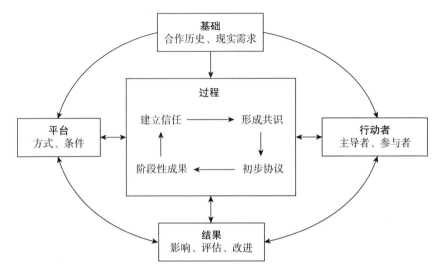

图4-4　协同构建信息资源保障体系的分析模型

第二节　协同保障机制构建的因素分析

一　协同基础

协同基础是指协同之所以能够形成的基础条件，是促使各方参与者协同开展白族口承文艺非遗信息资源建设工作的各种因素，包括合作历史、现实需求两个变量。

（一）合作历史

合作历史是指在协同机制形成以前，各参与者已经有的合作经历或既有的合作工作网络，这种历史既可以是成功的经验，也可以是失败的案例。合作历史是合作开始和确保合作成功的重要条件，如果各方在合作前已经开展了双向的积极互动，合作的可能性就很大。① 虽然目前白族口承

---

① 朱春奎、申剑敏：《地方政府跨域治理的 ISGPO 模型》，《南开学报》2015 年第 6 期。

文艺非遗信息资源建设的各方参与主体并未形成系统稳定的协同机制，但参与主体之间已经开展了一些零星的互动和合作活动，从这个角度看，各参与主体之间已经有了一定的合作历史。比如，《白族大本曲音乐》一书由大理市文联、文化局以及文化馆共同编写；《白剧志》一书由大理州文化局组织，大理州白剧团、云龙县文工队、洱源县文工队、鹤庆县文工队和各基层吹吹腔业余剧团参与编写；《大本曲览胜》由大理市文化局、文化馆和图书馆三家合编，这种暂时性的、项目式的合作方式，既是一种现实需求的体现，也可以认为是一种合作经历。

（二）现实需求

现实需求是各参与主体协同开展白族口承文艺非遗信息资源建设的需要，主要包括利益驱使力、制度与政策、市场导向三个变量。

第一，利益驱使力。利益驱使力是协同开展白族口承文艺非遗信息资源建设的内在动力，是协同治理参与者主导或参与协同机制的建立与管理的基本动力。在协同开展白族口承文艺非遗信息资源建设工作中，所有参与者的行动逻辑都可以归结为利益驱使，既包括完成上级安排的任务、获得政绩、取得经济效益等功利性的动力驱使，也包括促进民族文化发展、保护口承文艺非遗等非功利性的动力。体现在两个方面：一是外在驱使力，参与者因为缺乏人员、资金、技术和设施等基础条件，为了实现法律规定的职责以及完成上级下达的工作任务所产生的驱使力。例如，2005年成立了旨在"统一协调解决非物质文化遗产保护工作中的重大问题"的"非物质文化遗产保护工作部际联席会议制度"；再如，原文化部颁行的《国家级非物质文化遗产代表性传承人抢救性记录工作规范（试行稿）》提出资料搜集的来源包括非遗保护工作系统的各级非遗处、非遗保护中心、项目保护单位等，图书馆、档案馆、博物馆、群众艺术馆（文化馆）、展览馆、地方文史办、科研机构、民间收藏组织等社会文献保存机构或个人，电视台、广播电台、报社、杂志社、出版社、网站等媒体机构，传承人及其他途径。[①] 这就要求代表性传承

---

① 《国家级非物质文化遗产代表性传承人抢救性记录工作规范（试行稿）》，中国非物质文化遗产网·中国非物质文化遗产数字博物馆网站，http://www.ihchina.cn/newresources/fy-web/id/d/20150522001/64ce3bdb69ae4b61b3df95ee1d44397d.doc，2019年7月26日。

人抢救性记录工作的执行单位必须主动与其他相关部门合作乃至协同开展工作。二是内在驱动力，比如，非遗保护单位为了实现非遗项目的保存和持续发展申报更改代表性项目及传承人的级别，科学研究者开展田野调查完成学术研究的需要等，但是缺乏必要的人员、知识、设施设备等条件，也具有强烈的与其他参与者共知、共建、共享白族口承文艺非遗信息资源的需求和动力。

第二，制度与政策。制度是一系列影响人类行为的规则或规范，包括非正式约束（道德的约束、禁忌、习惯、传统和行为准则）和正式的法规（宪法、法令、产权）。① 政策是政府部门为了完成制度安排，基于管理的需要而制定的一系列行动方案，要求下级部门必须完成的指令。白族口承文艺非遗信息资源建设的制度与政策主要有以下几类。

（1）国家法律法规。《中华人民共和国非物质文化遗产法》规定："文化主管部门和其他有关部门进行非物质文化遗产调查，应当对非物质文化遗产予以认定、记录、建档，建立健全调查信息共享机制。……其他有关部门取得的实物图片、资料复制件，应当汇交给同级文化主管部门。"② 《云南省民族民间传统文化保护条例》（2000 年）、《云南省非物质文化遗产保护条例》（2013 年）等地方性法规和条例也规定了文化行政部门负责非遗的管理工作，并具有建设非遗信息资源的职责等。

（2）相关政策。为了管理非遗保护工作，国务院及各级文化行政部门通常会以"办法""项目""通知"等方式组织开展信息资源建设工作，这些政策中较为成熟和普遍的是各级"非遗项目和代表性传承人认定与管理办法"，这类办法规定了各行政、业务部门在建立、管理非遗项目和传承人材料中的权利、义务等内容，如《国家级非物质文化遗产项目代表性传承人认定与管理暂行办法》规定"国务院文化行政部门应当建立国家级非物质文化遗产项目代表性传承人档案"，"国家级非物质文化遗产项目保护单位应采取文字、图片、录音、录像等方式，全面记录该项目代表性传

---

① 俞可平：《中国公民社会：概念、分类与制度环境》，《中国社会科学》2006 年第 1 期。

② 《中华人民共和国非物质文化遗产法》，《中华人民共和国全国人民代表大会常务委员会公报》2011 年第 2 期。

承人掌握的非物质文化遗产表现形式、技艺和知识等，有计划地征集并保管代表性传承人的代表作品，建立有关档案"。①

第三，市场导向。即开展白族口承文艺非遗信息资源建设的市场需求和社会对此所预期的利益等。一方面，无论是大本曲、吹吹腔还是白剧，都是具有悠久历史的传统文化活动，在白族地区具有广泛的群众基础。利用现代信息与通信技术、多媒体技术进行采集、组织和传播非遗信息资源，便具有较为强烈的需求，例如我们在大理古城的街边随处可买到大理"三月街"的视频光盘、传承人演唱的白剧和大本曲光盘等，这本身就是相关组织与传承人共同合作开发的一种形式。另一方面，大本曲、白剧和吹吹腔等白族口承文艺非遗是白族所特有的传统文化项目，作为著名旅游目的地的云南大理白族自治州，游客对其白族文化具有强烈的了解欲，白族传统文化也就成为众多旅游景点的"卖点"，例如云南大理白族自治州的大理古城蒋公祠、金梭岛、蝴蝶泉等知名景点，就有赵丕鼎、赵冬梅、赵福坤和李丽等当地知名传承人定期演唱大本曲，这种旅游企业和传承人的合作也是协同的重要内容。

二　行动者

行动者是指协同行为的参与者，包括主导者、参与者两类。其中，参与者又可以细分为白族口承文艺非遗信息资源的管理主体和参与主体两类。

（一）主导者

主导者是指在合作中起到直接推动作用的关键角色或组织，包括中间组织、具有合法地位的召集人、领导者等。② 协同开展白族口承文艺非遗信息资源建设的主导者，既可以是以政府部门行政命令的方式产生并承担相应的责任的机构，也可以是主动提出倡议并牵头实施的某一参与者。"政府主导、社会参与"是我国非遗保护最基本的方针，因此，在白族

① 《国家级非物质文化遗产项目代表性传承人认定与管理暂行办法》，《中华人民共和国国务院公报》2008 年第 33 期。

② 朱春奎、申剑敏：《地方政府跨域治理的 ISGPO 模型》，《南开学报》2015 年第 6 期。

口承文艺非遗信息资源建设工作中也需要坚持"政府主导、社会参与"的方针，当前我国文化行政部门主管非遗保护工作既是法律的规定，也是基本现状，而且2005年成立的"非物质文化遗产保护工作部际联席会议制度"也是由文化部作为牵头单位，文化部部长作为召集人。因此，由文化行政部门承当主导者的角色是当前我国白族口承文艺非遗信息资源建设最恰当的选择。

（二）参与者

其一，白族口承文艺非遗信息资源的管理主体：文化行政部门。

各级文化行政部门主管非遗保护与传承工作，是相关法律法规规定的职责，非遗信息资源建设也是其职责之一。一方面，非遗代表性项目及代表性传承人的认定和管理工作由文化行政管理部门负责实施，《中华人民共和国非物质文化遗产法》规定，"国务院文化主管部门和省、自治区、直辖市人民政府文化主管部门对本级人民政府批准公布的非物质文化遗产代表性项目，可以认定代表性传承人"，"文化主管部门和其他有关部门进行非物质文化遗产调查，应当对非物质文化遗产予以认定、记录、建档，建立健全调查信息共享机制"，"文化主管部门应当全面了解非物质文化遗产有关情况，建立非物质文化遗产档案及相关数据库"。① 在具体的业务工作中，非遗代表性项目、非遗代表性传承人及其后续的管理等方面的工作，以及建立非遗档案及相关数据库等工作，均由文化行政管理部门实施。

其二，白族口承文艺非遗信息资源的参与主体：非遗保护机构。

非遗保护机构是白族口承文艺非遗信息资源建设的主要参与主体。一方面，《国家级非物质文化遗产保护与管理暂行办法》规定，"国家级非物质文化遗产项目应当确定保护单位，具体承担该项目的保护与传承工作"，应当履行"全面收集该项目的实物、资料，并登记、整理、建档"的职责，"国家级非物质文化遗产项目保护单位和相关实物资料的保护机构应

---

① 《中华人民共和国非物质文化遗产法》，《中华人民共和国全国人民代表大会常务委员会公报》2011年第2期。

当建立健全规章制度，妥善保管实物资料，防止损毁和流失"。① 也就是说，相关法律法规定除了非遗代表性项目、非遗代表性传承人及其档案的管理，其余白族口承文艺非遗信息资源的收集、建立、保存、保护和存储等工作的"责任者"均为非遗保护机构。

在具体的业务工作中，白族聚居区的县文化馆、县非遗保护中心等基层非遗保护机构已经开展或即将开展非遗信息资源采集和管理等相关工作，而且非遗保护机构作为非遗项目和传承人的"管理者"，掌握详细的白族口承文艺非遗信息资源及其分布情况，在信息资源的选择、采集等方面具有得天独厚的优势。

其三，白族口承文艺非遗信息资源的参与主体：学术研究机构。

在白族口承文艺非遗传承、保护和研究方面，学术研究机构起着重要作用，云南大学、云南艺术学院、云南师范大学、云南省社科院等学术研究机构的很多学者都对白族口承文艺非遗进行了学术研究，并采集了大量的非遗信息资源，还形成了著作、论文、数字资源等信息资源。从当前的现实情况看，白族口承文艺非遗信息资源几乎都是零散地分布在个人手中，并没有纳入地方文化馆、非遗保护机构、图书馆或档案馆等相关机构的保管范畴之内。

其四，白族口承文艺非遗信息资源的参与主体：其他社会组织。

因为非遗信息资源建设覆盖范围广泛，《国务院办公厅关于加强我国非物质文化遗产保护工作的意见》也规定，"各级图书馆、文化馆、博物馆、科技馆等公共文化机构要积极开展对非物质文化遗产的传播和展示"②。所以公共图书馆、文化馆、博物馆、旅游企业等组织所采集和保存的有关非遗的文献资料和实物中，或多或少有一些涉及非遗信息资源，如公共图书馆保管的民族文献、博物馆保管的地方民族实物等。

---

① 《国家级非物质文化遗产保护与管理暂行办法》，《中华人民共和国国务院公报》2007 年第 27 期。

② 《国务院办公厅关于加强我国非物质文化遗产保护工作的意见》，中国政府网，http://www.gov.cn/ zwgk/2005 – 08/15/content_21681. htm，2019 年 5 月 22 日。

三　协同平台

协同平台是协同开展白族口承文艺非遗信息资源建设的条件保障，它规定了各参与主体协同开展非遗信息资源建设的协同条件和合作方式等基本架构，包括协同条件和协同方式两个变量。

（一）协同条件

协同条件是白族口承文艺非遗信息资源建设的各参与主体协同开展工作的基础性条件，它既包括需求、动力、初衷等，也包括诸如议事协调机构、部际联席会议、牵头机构等协同开展相关工作的协同机制。不同组织开展非遗信息资源建设各有初衷，例如文化行政管理部门开展非遗信息资源建设，主要是为了管理非遗代表性项目和代表性传承人；非遗保护机构开展非遗信息资源建设的目标是保护、保存、抢救珍贵的非遗信息资源并弘扬其所承载的传统文化；而学术研究机构开展非遗信息资源建设的首要目标应该是获取第一手的研究素材，开展学术研究工作。尽管各参与主体具有各自不同的目标诉求，但他们的诉求也有相同之处，即无论是为了保护和传承非遗及其所承载的传统文化，还是为了保存非遗信息资源，抑或为了开展学术研究，都有相同之处：都希望掌握尽可能全面、准确的白族口承文艺非遗信息资源，都具有占有信息资源的期望和动力。这些共同之处是达成协同条件的基础和保障。

从整体上看，目前的白族口承文艺非遗信息资源建设工作无法脱离现有的政府行政体制，还必须以科层制为基础，以科层制框架下的文化行政管理部门为主导者（如牵头机构、协调委员会），建立诸如议事协调机构之类的结构性协同组织，并广泛吸收非遗保护机构、档案馆、图书馆、博物馆、学术研究机构、其他社会组织/个人等参与主体加入，并以此组织为基础，建立并形成非遗信息资源建设的协同机制和更为具体的运行规则，其基本架构如图 4－5 所示。

（二）协同方式

达成协同条件是建设白族口承文艺非遗信息资源协同机制的基础，至于各参与主体以何种方式协同、协同的深度和范围如何等问题，则应该是

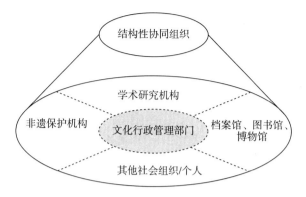

图4-5　协同机制的基本架构

因地制宜的、多样与灵活的。

　　本书以协同方式的深度为中心进行讨论，构建了白族口承文艺非遗信息资源建设协同方式模型（见图4-6）。图中，用大圆锥体代表白族口承文艺非遗信息资源及其管理整体，它目前分别由文化行政管理部门、非遗保护机构、文化馆、图书馆、博物馆、学术研究机构以及其他相关组织/个人建立、管理和保存，圆锥体中底层的各参与主体在共同的协同机制之

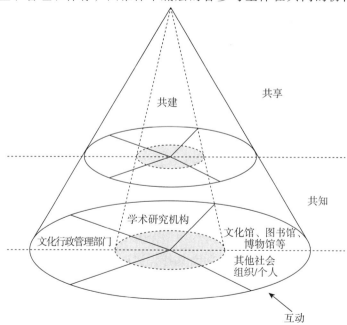

图4-6　协同方式模型

下开展广泛、多元与灵活的交流，达到参与主体的"互动"；圆锥体中底层部分是共享白族口承文艺非遗信息资源目录的部分，达到了白族口承文艺非遗信息资源的"共知"；往上较小部分是不仅共享白族口承文艺非遗信息资源目录，还共享白族口承文艺非遗信息资源全文的部分，达到了白族口承文艺非遗信息资源的"共享"；中间虚线（阴影部分）显示的圆锥体部分，则是两个或两个以上组织/个人通过共建的方式实现了目录级或全文级的白族口承文艺非遗信息资源的共享，达到了"共建"。

第一，互动。多组织协同开展白族口承文艺非遗信息资源建设工作，彼此的信任和理解是开展更深层次的协同活动的前提。因此，参与者在管理和业务等问题上进行持续有效的交流、学习和互动就显得尤其重要，其目的有二：一是建立信任、增进友谊，为后续深层次的协同打下基础；二是构建共同的白族口承文艺非遗信息资源建设话语体系，因为不同参与者对同一术语的内涵、范围、方法、途径等的理解不尽相同，甚至称谓都有所差异，互动也是构建共同的话语体系的必要手段。

第二，共知、共建和共享。协同开展白族口承文艺非遗信息资源建设的目的在于更好地建设、管理和利用，分为彼此知晓所拥有的白族口承文艺非遗信息资源，共同建立白族口承文艺非遗信息资源，共同开发利用白族口承文艺非遗信息资源三个层次。

在协同框架下，彼此知晓所拥有的白族口承文艺非遗信息资源表现为协同组织内所有参与者都彼此知晓其所拥有的白族口承文艺非遗信息资源。包括交换目录信息、建立联合目录的传统方式，也可以借助信息技术利用数据库统一管理。从实地调查的情况看，目前在白族口承文艺非遗信息资源管理领域，还没有类似的非遗信息资源共知现象。

当前共同建立白族口承文艺非遗信息资源这种现象还不多见。从现实情况看，多组织间的合作也主要表现为一方主导，另一方通过提供资料、技术指导、沟通协调等方式帮助和支持，然而最终帮助和支持的组织/个人也未必能获得其所建立的信息资源。因此，将传统的支持和帮助的方式提升为协同共建的方式，将能够有效地促进参与主体的积极性、增强协同行为的可持续性、提升信息资源建设的质量。

共同开发利用白族口承文艺非遗信息资源是指组织内各参与者共同采

集、建立、保存和开发利用白族口承文艺非遗信息资源，尽管目前在白族聚居区还没有这一现象出现，但是作为一种先进的信息资源建设模式，值得在协同开展白族口承文艺非遗信息资源建设过程中被提出来，进而促进信息资源建设的全面性，以及优化建设过程中的资源投入。

四 协同过程

过程是分析协同治理的核心维度，是协同行为发展的具体进程，包括建立信任、达成共识、初级协议和中期结果四项变量。

建立信任是协同开展白族口承文艺非遗信息资源建设的第一步。一方面需要文化行政管理部门、非遗保护机构、学术研究机构等参与者之间持续互动，以增进彼此的友谊和理解，进而建立信任；另一方面，需要协同机制的主导者文化行政管理部门具有正直（诚实与真实）、胜任力、一致性、忠诚和开放[①]等优秀品质，能够在各参与者中间建立足够的权威，做到言行一致，让各参与者消除顾虑，彼此建立信任。

达成共识是在协同开展白族口承文艺非遗信息资源建设活动中，参与者对价值、内容、范围以及开展白族口承文艺信息资源建设的紧迫性等具有一致的认识，对当前各自为政的思路的弊端能够有一致的认识，愿意以合作、分享、互惠互利的姿态开展协同活动。

初级协议是指各方在合作初期签署的各类正式协议和非正式协议，也就是在形成共识的基础上，开展的实质性合作工作。以非遗代表性传承人抢救性记录工作为例，文化部《关于开展国家级非物质文化遗产代表性传承人抢救性记录工作的通知》规定的抢救性记录工作对象是国家级代表性传承人，由省级非遗保护中心具体实施，如果在基层执行时能够在通知精神的基础上，进一步以协同的方式开展工作，则基本可以形成以非遗保护中心为领导者的协同组织，引入非遗项目保护单位、传承人、媒体机构、社会文献保存机构及个人等各类主体共同参与，各参与者一方面提供其所拥有的非遗信息资源，实现信息资源的共知和共享，为抢救性记录工作提

---

① P. L. Schindler, C. C. Thomas, "The Structure of Interpersonal Trust in the Workplace," *Psychological Reports* 2 (1993): 563 – 573.

供全面的信息资源保障；另一方面，如媒体机构、档案馆、图书馆、博物馆等还可以发挥各自在技术技能、专业知识等方面的优势，聚各方力量共同开展工作，进而提升抢救性记录成果的质量和水平。

协同开展白族口承文艺非遗信息资源建设工作中，各参与者之间就协同组织机制、管理格局、权利和义务等问题取得了必要的经验，达成了一些初级的协议和共识，就可以认为是取得了中期成果。中期成果是协同机制建立过程中必不可少的环节，中期成果的顺利完成也就意味着协同机制的建立取得了初步的成功，离最终目标的实现和完成又进了一步，它将十分有助于各参与者之间进一步建立信任，达成更多、更广泛和深入的共识，促进协同活动的持续进行和不断深化。

五　协同结果

协同结果是指协同所取得的成就和经验，包括协同影响、结果评估和改进三个变量。

协同影响是指以协同目标作为标杆，协同活动达到预期目标的实际程度以及所产生的其他的实际效果。预期目标是在协同活动建立之初就已经确立的目标，如采集、建立和保存尽可能全面、准确的白族口承文艺非遗信息资源，在信息资源的全面性、准确性、质量等方面比各参与者独立开展工作取得更好的效益等，都可以是协同开展白族口承文艺非遗信息资源建设的预期目标。达到预期目标的实际程度也就是指协同活动所取得的成果与上述预定目标的差距，其达成程度直接影响协同参与者后续的行为和动力，较好的目标达成度能够促进参与者更具动力持续参与工作。同时，协同工作还会产生一些预期之外的实际影响，比如在白族口承文艺非遗信息资源建设之外，在非遗代表性项目的申报、非遗旅游产业的开发等方面取得了意外的收获，获得了政府部门或其他社会组织与个人的赞赏，取得了比各自预想更为良好的社会效益，参与者在信息资源建设理念、技术、方法等方面有一定的提升等。

结果评估就是指协同所产生的结果在整体上的测评。因为从理论上讲，任何一种协同机制都不可能是完美的，都有这样或那样的缺陷和不足，也会在实际执行过程中产生这样或那样的问题，所取得的结果与预期目标总是会存在一定的差距。因此，通过结果评估这一环节，对协同结果取得的经验、存在的问题进行科学测评，进而提出修正或解决方案，促使协同机制日趋完善，这对于整个协同机制的持续运行至关重要。协同开展白族口承文艺非遗信息资源建设的参与者众多、类型多样，所以该协同机制的有效运行更需要科学的评估机制。比如，在白族口承文艺非遗信息资源建设工作中，协同机制的建立过程必须有文化行政管理部门及其下属非遗保护机构等作为责任主体，但其他参与主体并不一定在协同机制建立的初期就能够纳入协同体系之内，只有协同机制取得良好的成果，才有可能逐步扩大协同参与者的规模，进而形成更广泛、科学的协同体系。

改进即通过一个阶段的协同实施，在对协同过程及结果得出科学结论的基础上，发现协同机制所取得的成功经验，找出协同机制还存在的问题，进而提出发展、完善、保护协同机制的相关策略，并实施改进工作的过程。这是确保协同机制永葆生命活力、持续发展和不断完善的必由之路。

第三节　协同保障机制构建的实现路径

一　健全协同参与的法规政策

法律是规范各参与主体协同开展白族口承文艺非遗信息资源建设工作的基本依据。重点是通过完善国家和地方的法律、法规、规章制度，明确不同参与主体的法律地位，规定不同参与主体的权责范围，并在政策、制度、经费、人员、技术和设备等方面给予支持和保障。

就法律、法规而言，《中华人民共和国非物质文化遗产法》、《中华人民共和国档案法》、《云南省民族民间传统文化保护条例》（2000 年）、《云南省非物质文化遗产保护条例》（2013 年）等在法律层面和行政框架下明确了文化行政管理部门、档案部门、非遗传承人、公共文化机构（图书馆、博物馆、科技馆）、学术研究机构等参与主体的法律地位和权责范围，基本上明确了文化行政管理部门在非遗保护和传承工作中的主导地位，其他各参与主体有协助和配合的责任。而就非遗信息资源建设工作来说，在现有法律、法规的规定性基础上，还应当明确：文化行政管理部门负有为白族口承文艺非遗开展信息资源建设的职责；规定其他各类社会组织和个人协同参与的宏观制度等。①

就规章制度而言，需要建立与白族口承文艺非遗信息资源协同保障机制相适应的运作规则，进一步明晰各参与主体的职责权限，为规范参与主体的行为提供有效的制度保障。由于各参与主体分属不同性质的组织系统，当前的相关规章制度基本上是以各参与主体组织内部为中心制定的，它不适用于社会参与的协同保障机制，因此，需要以协同共建的信息资源保障机制为中心，建立适用于文化行政管理部门、非遗传承人、档案馆、图书馆、博物馆、传媒机构、学术研究机构等主体广泛参与的共建共享制度和规则，进一步细化各参与主体的权责边界和协同参与的具体运行规则。②

二 统一信息资源建设的工作规范

统一的工作规范是构建白族口承文艺非遗信息资源协同保障机制的前提和基础，对协同保障机制的形成和具体信息资源建设工作的有序开展至关重要，主要体现在三个方面：其一，统一的工作规范是各参与主体业务协同的保障。当前由于各参与主体分属不同部门和领域，业务需求和建设标准不同，造成各参与主体的信息资源规范的不一致，形成了分散的"信息孤岛"，业务协同很难实现。其二，统一的工作规范是信息资源共享的前提。由于各参与主体缺乏广泛深入的信息资源共享行为，缺乏统一的工作规范，形成了不同的、独立的、异构的信息资源集合，也带来信息资源的重复建设，成为制约白族口承文艺非遗信息资源建设的"瓶颈"。要切实解决这一重要问题，统一工作规范势在必行，这也是各参与主体协同参与的迫切需要。其三，统一的工作规范是信息资源开发利用的保障。信息资源建设的最终目的是开发利用，如果信息资源建设工作没有统一的工作规范，将直接影响信息资源开发利用的效果，因此统一的工作规范不但对

---

① 黄体杨：《白族非物质文化遗产传承人建档保护研究》，博士学位论文，云南大学，2016，第 111 页。

② 黄体杨：《白族非物质文化遗产传承人建档保护研究》，博士学位论文，云南大学，2016，第 111 页。

信息资源建设工作至关重要，也对整个白族口承文艺非遗保护和传承工作意义重大。

实地调研中，笔者了解到，在目前多元参与主体零散开展的白族口承文艺非遗信息资源建设工作中基本没有形成统一的工作规范，文化行政部门开展的非遗项目和非遗传承人信息资源建设工作主要围绕申报材料开展，将同一项（人）的档案材料归为一类，装入同一档案盒中，档案材料的排序基本依照申报表的顺序；档案馆中存档的非遗档案并未按照一般档案的管理规范建档，只是将非遗档案作为一个专题进行建档，按照依项目建档的规则，对非遗项目或传承人进行建档；图书馆、博物馆主要是将白族口承文艺非遗作为专题展览，按照展览的要求开展了一定的收集、整理、保管、展出等工作；学术研究机构和传媒机构等组织基本上是以本组织专业工作的需求为中心，对手中掌握的大本曲、吹吹腔、白剧等非遗资料进行简单的分类组织处理；多数传承人缺乏信息资源意识，少数有信息资源意识的传承人主要关注曲本、剧本、道具和个人荣誉材料的保管，没有统一的信息资源规范。可见，目前白族口承文艺非遗缺乏信息资源规范，各参与主体之间也没有形成统一的信息资源规范。没有统一的规范，多元协同共建便无从谈起，因为规范是协同的基础。在白族口承文艺非遗信息资源建设工作中，为了构建协同参与保障机制，必须形成统一的信息资源建设工作规范，各参与主体应共同明确白族口承文艺非遗信息资源的采集范围、建设原则、分类标准、保存规范、共享标准、信息平台建设规范等。

三　搭建信息资源共建共享平台

信息平台是构建白族口承文艺非遗信息资源协同保障机制的落脚点，也是共建共享活动的载体，白族口承文艺非遗信息资源共建共享平台主要是充分运用计算机、网络、多媒体等信息技术，对白族口承文艺非遗信息资源进行数字化采集、数字化整理、数字化存储，并构建一个界面友好、交互性强、方便快捷、使用安全的共享平台，为各参与主体协同参与白族口承文艺非遗信息资源建设工作提供有效的实现方式，使得白族口承文艺非遗信息资源的共建共享活动高效开展，从而有力地支撑白族口承文艺非遗的保护和传承。

　　白族口承文艺非遗信息资源共建共享平台的建设是一个系统工程，该平台的建设应当是由政府牵头、各方社会力量协同参与，形成政府主导、社会协同参与的建设思路，共同搭建信息资源共享平台，共同参与建设白族口承文艺非遗信息资源，共享白族口承文艺非遗信息资源。由于能力和条件所限，笔者仅从理论层面提出白族口承文艺非遗信息资源共建共享平台的建设构想，下面笔者将对白族口承文艺非遗信息资源共建共享平台建设的基本思路做一个梳理，重点探讨平台建设的原则、平台的总体架构、平台运行的机制等基本问题。

（一）平台建设的原则

1. 政府主导，统筹规划

　　我国的非遗保护工作基本遵循"政府主导、社会参与"的原则，白族口承文艺非遗信息资源建设也应当遵循这一基本原则，所以白族口承文艺非遗信息资源共建共享平台的建设也应该由政府牵头。政府部门在非遗保护和传承中具有明显的法律政策优势，非遗保护中的一系列法律、政策、规章都由政府部门制定和颁布，平台建设需要的大量的资金支持也主要由政府部门划拨，因此政府主导建设白族口承文艺非遗信息资源共建共享平台是必要和可行的。具体发挥主导作用的应当是文化行政部门，文化行政部门是非遗保护的主管部门，对非遗保护工作负有直接责任。

　　政府部门要发挥牵头作用，首先应当成立专门的组织机构，组织机构的人员主要由文化行政部门人员组成。政府部门的牵头作用主要体现在对白族口承文艺非遗信息资源共建共享平台建设的统筹规划、统一管理和资金支持上。白族口承文艺非遗信息资源共建共享平台建设是一项投入资金多、涉及范围广、技术要求高的系统工程，这决定了统筹规划的重要性，通过统筹规划明确平台正确的设计原则、具体的目标和任务、实现目标的步骤与规范、平台建设的实施细则等关键问题，从而提高平台建设的效率和质量。由于该平台的建设和运行需要社会广泛参与，为了避免出现各自为政、"信息孤岛"、数据冗余、"信息碎片化"等问题，必须对平台进行统一管理，具体包括用户管理、资源管理、绩效评价、业务监督等工作的统一管理和统筹协调。平台建设必须由政府牵头的重要原因之一便是资金问题，平台的建设需要大量的资金支持，而非遗保护属于社会公共事务，不能以营利为目的，很难引入企业资金，因此只能由政府部门出资建设，资金应从非遗保护的相关专项经费中划拨，经费的使用应遵循相关专项经费管理办法的规定。

2. 社会参与，协同共建

白族口承文艺非遗信息资源共建共享平台的建设在由政府主导的基础上，还应积极引导社会参与，鼓励档案馆、图书馆、博物馆、科研机构、媒体机构、企业、传承人等社会组织和个人参与协同共建。政府主导只能为平台的建设提供政策支持、技术支持、经费支持、管理支持等保障条件，负责搭建平台的整体框架，而平台的内容建设，即白族口承文艺非遗信息资源建设还须依靠广泛的社会参与和协同共建。白族口承文艺非遗信息资源分散保存于政府部门、档案馆、图书馆、博物馆、科研机构、媒体机构、企业、传承人等多元主体手中，这些信息资源呈现明显的"碎片化"特征，建立白族口承文艺非遗信息资源共建共享平台的重要目的就是要将这些"碎片化"的信息资源集成化、规范化，而这必须要依靠社会参与机制的形成，鼓励和引导广大社会力量参与，共同构建白族口承文艺非遗信息资源体系。因此，"社会参与、协同共建"是白族口承文艺非遗信息资源共建共享平台建设的重要原则，落实该原则的关键在于引导社会力量参与协同共建，这需要在平台的设计中重点考虑激励机制和利益平衡的问题，尤其是对于传承人的激励机制的设计，因为传承人手中掌握了大量丰富的白族口承文艺非遗信息资源，而他们绝大多数又属于体制外人员，不受一般的组织制度的约束，必须通过合理的激励机制引导其积极参与平台建设。

3. 规范一致，标准统一

白族口承文艺非遗信息资源共建共享是多元参与主体通过统一的信息平台开展广泛的社会协同参与信息资源建设的行为，这势必要求平台要有一致的规范和统一的标准，只有这样才能实现多元主体的协同共建，才能在该平台上实现业务的协同、管理的协同、资源的协同、技术的协同。一致的工作规范和统一的信息资源标准是白族口承文艺非遗信息资源共享和协同的基础，当前散存的白族口承文艺非遗信息资源分别由条块分割的多元参与主体各自保管，工作规范和信息资源标准差异较大，异构的信息资源造成多元参与主体间信息资源的兼容性不强，为实现各参与主体间的信息资源共享，必须推动白族口承文艺非遗的工作规范和信息资源标准建设，如信息资源平台体系建设规范、元数据标准及规范、白族口承文艺非遗信息资源主题词表、纸质文献数字化技术规范、数据交换与信息资源共享目录规范等。

4. 资源整合，共享共知

搭建共建共享平台是为白族口承文艺非遗信息资源建设工作引入社会协同参与的重要途径，是构建白族口承文艺非遗信息资源协同保障机制的主要载体，通过该平台的建设使散乱分布的白族口承文艺非遗信息资源集中化、规范化，全面整合碎片化的信息资源，形成分类有序的信息资源体系。为实现平台建设的主要目标，白族口承文艺非遗信息资源共建共享平台的建设应当要注重资源整合。既要整合实体非遗资源，还要整合数字资源，更要注重文献资源和数字资源的整合。白族口承文艺非遗信息资源共建共享平台资源整合的原则有三：一是对能够进行数字化处理的非遗资源尽量进行全面的数字化处理并上传平台；二是对数字资源按照统一标准进行规范化和统一化的处理并上传平台；三是对由于知识产权和个人意愿等原因不能进行全面数字化处理的实体非遗资源也应形成信息资源目录上传平台。比如，很多艺人是不愿意将自己的剧（曲）本跟别人共享的，因此，对于这类信息资源，可以鼓励传承人将自己手中掌握的剧（曲）本目录上传平台共享，虽然不能实现剧（曲）本的共享，但通过平台可以实现剧（曲）目的共知，这样就不会出现现存剧（曲）目究竟有多少都无从统计的问题。通过全方位的资源整合，使平台成为白族口承文艺非遗信息资源共享共知的信息空间，各参与主体既是信息资源的提供者，也是信息资源的利用者。

（二）平台的总体架构

白族口承文艺非遗信息资源共建共享平台的构建应当做好顶层设计，如图 4 - 7 所示，从顶层设计出发，白族口承文艺非遗信息资源共建共享平台的总体架构是"4 + 4"的逻辑框架模型，即四个层次、四个体系。四个层次包括基础设施层、数据资源层、应用层、用户服务层，四个体系包括标准规范体系、管理制度体系、组织领导体系、安全保障体系。四个层次是白族口承文艺非遗信息资源共建共享平台的核心系统架构，四个体系是平台运行和管理的保障体系，贯穿四个层次的每一个层次。

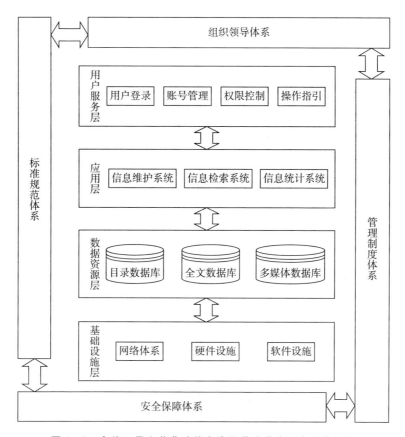

图 4 - 7　白族口承文艺非遗信息资源共建共享平台总体架构

1. 四个层次

其一，基础设施层。基础设施层在平台总体框架模型中处于最底层，是支撑整个平台系统运行的重要基础设施，主要包括网络体系、硬件设施和软件设施。网络体系主要指平台的网络基本架构，在网络架构之上配置软硬件基础设施；硬件设施主要包括网络交换与接入设备、服务器主机设备、个人计算机（工作站）设备等；软件设施主要包括系统软件（如操作系统、数据库管理系统等）和应用软件（如网管软件、防病毒软件等）。

该层向数据资源层提供数据存储和管理所必需的基础设施。

其二，数据资源层。数据资源层构建于基础设施层之上，为上层的应用服务提供数据资源。数据资源层是整个平台系统的数据基础，包括基础性数据以及业务处理过程中所产生的数据等。从内容上看包括基础数据库、元数据库、业务数据库、政府文件库、平台日志库等。从数据形式上看，包括全文数据库、目录数据库、多媒体数据库。

其三，应用层。应用层构建于数据资源层之上，以数据资源为基础，为上层的用户服务层提供具体的业务应用，以用户需求为中心、以业务流程为导向，整合数据资源和业务流程，形成高效、便捷、交互性强的服务流程。具体应用主要包括信息维护系统、信息检索系统、信息统计系统。信息维护系统主要为用户提供信息的添加、删除、修改等服务功能；信息检索系统主要为用户提供信息的检索服务，提供主题检索和分类检索两种检索途径，便于用户对信息资源的开发利用；信息统计系统主要为用户提供分类统计服务，便于用户掌握白族口承文艺非遗信息资源的总体情况。

其四，用户服务层。用户服务层是平台系统的最前端，是连接用户和平台系统的纽带，也是平台向用户服务的窗口。为了在最大范围内开展社会参与，平台的入口应设计成专题网站形式，即平台应采用 B/S（浏览器/服务器）架构，专题网站是平台的统一登录界面。用户通过登录网站注册用户身份，通过合法身份登录系统平台，在自己的权限范围内进行信息的上传、查询、下载和统计，此外平台还应对用户权限进行控制，主要分为管理员权限、参与主体权限和一般用户权限，并对用户访问和操作进行指引。另外，在充分考虑用户信息行为的基础上，平台还应积极尝试和移动互联网结合，尝试推出相关的"两微一端"（微博、微信、移动客户端）信息服务，扩大平台的影响，更大范围、更高效地引导社会参与。

2. 四个体系

其一，标准规范体系。白族口承文艺非遗信息资源共建共享平台的建设是一项复杂的系统工程，社会参与面广、系统构成复杂，面对诸如多元参与主体、技术支持部门、组织管理部门等众多参与者，利用一定的标准对其进行规范十分必要，用标准来统一行动，从而使平台有序运行。标准规范是白族口承文艺非遗信息资源共建共享的前提条件，是社会协同参与的基础，是部门协同的必要条件。标准规范贯穿白族口承文艺非遗信息资源共建共享平台的每一个层次，涉及每一个组成部分，这些不同层次和组成部分之间都紧密联系、相互协调，因此相应的标准规范也是一个有机联系、层次分明、相互支持的系统体系，主要包括技术标准、管理标准、应用标准、信息安全标准等。

其二，管理制度体系。管理制度体系是白族口承文艺非遗信息资源共建共享平台建设、运行、服务和管理的制度体系，是整个平台的制度保障。通过管理制度的设计，在平台上形成社会参与导向的协同参与机制、互惠互利的共建共享机制、系统综合的激励评价机制、协调平衡的组织领导机制、自主可控的安全保障机制，以构建白族口承文艺非遗信息资源建设的社会协同参与机制。管理制度体系包含组织领导制度、协同参与制度、激励评价制度、资金使用制度、人员管理制度、安全管理制度等。

其三，组织领导体系。组织领导体系是全面推进白族口承文艺非遗信息资源共建共享平台建设、运行、管理和服务的组织保障，组织领导部门负责行使平台的规划、组织、领导、控制等管理职能。规划职能重点是对平台进行科学合理的规划，包括平台架构的设计、功能模块的设计、业务流程的设计、人员的组织分配、工作进度的安排、资金的分配等；组织职能重点是协调各参与主体的具体工作，形成高效的社会协同参与机制；领导职能的重点是设计激励机制，积极引导社会参与，平衡利益分配；控制职能重点是对平台的建设情况、运行情况和管理服务情况进行实时监督和评价，尽量做到前端控制。

其四，安全保障体系。安全保障体系保障白族口承文艺非遗信息资源共建共享平台的安全运行，主要是解决好身份认证与授权、信息资源防篡改、信息资源防泄露、网络通信安全、防病毒、防黑客等问题。平台的安全保障体系是平台系统的重要组成部分，主要包括安全技术系统和安全管理系统两方面，安全技术系统主要涉及保障信息平台的安全技术，安全管理系统涉及针对信息平台的一系列管理措施。

（三）平台的运行机制

在白族口承文艺非遗信息资源共建共享平台的建设与实现过程中还需

要有一系列的运行机制提供保障，不论是在平台的管理运行、技术保障、信息安全，还是在参与主体的利益协调、人员素质方面都需要一定的机制对其进行约束。总的来说，平台的运行机制主要包括共建共享机制、评价激励机制、人才培训机制和技术保障机制等四个方面的机制。如图4-8所示，这四个方面的机制构成平台的运行机制体系：共建共享机制是平台运行的基本导向；评价激励机制对平台参与者的业绩进行评价，对利益进行协调，起到调控的作用；人才培训机制主要针对平台参与者的素质提升和专业知识培训，是平台运行的基础；技术保障机制主要是作用于平台的技术标准和安全防控工作，是平台运行的前提。

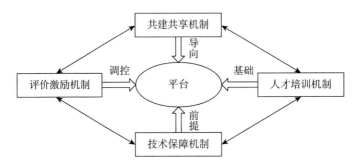

图4-8　白族口承文艺非遗信息资源共建共享平台运行机制

1. 共建共享机制

"共建共享"是白族口承文艺非遗信息资源共建共享平台的基本导向，是平台建设和运行的指导思想，白族口承文艺非遗信息资源分布散乱，很多信息资源又涉及个人知识产权问题，因此对白族口承文艺非遗的信息资源进行建设必须借助于共建共享平台，本着"共同建设、共同受益"的原则引导社会协同参与。所谓"共建"即由文化行政管理部门、档案馆、博物馆、图书馆、学术研究机构、传媒机构、文化旅游企业、非遗传承人等多元主体按照统一的技术标准和管理标准，发挥各自优势，共同建设平台资源；所谓"共享"即多元参与主体和一般用户可以通过平台浏览、查询、下载信息资源。

由于参与主体涉及面非常广，因此必须建立共建共享的协同机制。要实现平台建设的协同合作，必须要建立健全相应的规章制度，在信息资源整合、经费的使用、业务工作的安排方面各参与主体都要遵循统一的规章制度和标准规范，这样才能保证信息资源共享的实现。[①]

2. 技术保障机制

白族口承文艺非遗信息资源共建共享平台的运行离不开信息技术的支撑，而信息技术的有效利用需要有相应的技术保障机制，技术保障是平台运行的前提，技术保障机制重点是对信息技术标准和安全标准的管控，重点是对信息资源的收集、分类、标引、转换、存储、传递、检索、分析和利用等方面制定统一的制度、规则与标准，以免出现数据冗余和数据不一致的问题。[②] 另外，为完善平台的信息安全保障体系，还应利用网络病毒防范技术、入侵检测技术、防火墙技术、加密技术等信息安全技术，建立合理有效的信息安全管理机制，保障共享平台的安全运行。

3. 评价激励机制

任何管理工作都不可缺少绩效评价环节，白族口承文艺非遗信息资源共建共享平台的管理运行也不例外，白族口承文艺非遗信息资源共建共享平台的建设必须考量经费投入情况、多元参与主体参与情况、平台运行状况、用户体验等多方面问题，对这些问题的考量需要通过绩效评估工作来实现。通过评估，可以发现和解决平台运行中存在的问题，可以更加高效地建设白族口承文艺非遗信息资源，可以发现更好地服务用户的方式。

在白族口承文艺非遗信息资源共建共享平台的运行中还要重点关注各方参与主体的利益协调问题，这需要通过激励机制的设计，良性引导各类型社会主体参与平台的建设。平台应对那些对平台信息资源贡献大的参与主体给予一定的物质奖励，提高其使用平台资源的权限等级，并在网站首页登载和宣传这些高贡献度的参与主体，提高他们的声誉和影响力。在激励机制的设计中尤其要重视对传承人的激励，因为传承人手中掌握大量的白族口承文艺非遗信息资源，而信息资源都属个人所有，怎样能够使他们共享手中的信息资源是激励机制设计的重点。笔者认为，可以从物质激励和精神激励两方面入手。物质激励主要通过资金奖励的方式调动其积极

---

① 金洪文、袁艺：《高校科技信息资源共享平台构建与运行保障机制研究》，《情报科学》2015 年第 5 期。

② 金霞：《馆藏档案信息资源共享机制建设初探》，《北京档案》2011 年第 1 期。

性、主动性和创造性。精神激励的重点是在传承人申报、认定、评奖的制度建设中，为传承人学习和发展提供更多便利条件，比如在传承人申报和认定工作中可以将其在平台共享的信息资源作为其掌握信息资源数量和从事非遗传习活动的凭证；在评价已被认定的传承人工作业绩时，可以将其对平台的信息资源贡献程度作为重要考量指标。

4. 人才培训机制

白族口承文艺非遗信息资源共建共享平台的建设与运行需要具体参与人员具有一定的专业知识和专业技能，参与人员应当既了解白族口承文艺非遗又掌握信息资源管理方面的专业理论知识；既要掌握一定的信息技术又要具有一定的数据收集、整合与加工的能力。而目前参与白族口承文艺非遗保护的相关人员还远远达不到这样的素质要求，尤其是多数传承人的受教育水平都不高，也不会运用信息技术，更不了解信息资源管理知识，极其缺乏相关专业知识和专业技能，因此要建立科学、合理、可行的人才培训机制，才能保障平台的高效运行。人才培训方面，可以定期开展短期培训班和专题讲座，对一些重点的传承人也可以提供上门培训服务，增强其参与共享平台的意愿和积极性。

第五章

白族口承文艺非遗信息资源
建设的业务方法

第一节　白族口承文艺非遗信息资源的采集

一　信息资源采集的范围

　　非遗信息资源的研究还在起步阶段，关于非遗信息资源的采集范围的理论研究成果还不够丰富，学术界尚未给出权威的界定。笔者认为，采集范围重点是搞清楚"采集哪些"和"不采集哪些"。"采集哪些"研究的是哪些非遗记录应当作为信息资源收集，因为白族口承文艺非遗信息资源建设现状并不理想，因此在界定采集范围时应当遵循从宽原则。"不采集哪些"研究的是不采集的范围，就白族口承文艺非遗而言，笔者认为重点应是界定清楚白族口承文艺非遗与其他白族非遗信息资源的概念边界，主要是弄清楚白族口承文艺非遗与绕三灵、三月街、本祖节等非遗的联系和区别。大本曲、吹吹腔、白剧等都属于说唱艺术，其核心在于其唱腔、音乐和表演，绕三灵、三月街、本祖节等其他白族非遗活动中大量运用了白族口承文艺非遗的唱腔、音乐和表演，因此在界定白族口承文艺非遗信息资源的采集范围时，除了反映白族口承文艺非遗相关活动的记录应作为采集范围以外，那些反映绕三灵、三月街、本祖节等相关活动的记录材料中涉及白族口承文艺非遗唱腔、音乐和表演的记录材料也应当列入采集范围，而反映绕三灵、三月街、本祖节相关活动的记录材料中没有涉及白族口承文艺非遗唱腔、音乐和表演，仅仅是反映其他民俗活动的记录材料不应列入采集范围。

由于白族口承文艺非遗信息资源涉及内容丰富、载体多样、情况复杂，明确了"采集哪些"和"不采集哪些"的基本理论问题之后，还应当搞清楚采集范围的具体构成。采集范围的信息资源分类标准可以按照载体形式划分，也可以按照内容划分，本书在本节中将重点探讨按照载体形式划分的采集范围，而在下一节信息资源的组织部分重点探讨按内容划分的分类问题。白族口承文艺非遗信息资源按载体形式主要可以分为文献类、声像类、其他类。

（一）文献类信息资源的采集范围

文献类信息资源主要是在白族口承文艺非遗申报、认定、管理和研究过程中形成的文字记录。参照现有法律政策，结合白族口承文艺非遗的现状，文献类白族口承文艺非遗信息资源的采集范围可包括：各级各类政府部门关于白族口承文艺非遗的收文、发文、内部文件、会议记录；白族大本曲非遗项目和传承人的调查表、申报材料、认定材料、管理材料、保护和传承活动材料；各类文化事业单位、学术研究机构、社会组织在保护和传承白族口承文艺非遗活动中形成的文字记录；散落各处的各类反映白族口承文艺非遗的历史、文化、音乐、唱腔、剧（曲）目、唱词、表演等内容的文字记录。

（二）声像类信息资源的采集范围

声像类信息资源主要是在白族口承文艺非遗保护和传承活动中拍摄的照片、音频、视频等形式的记录材料。参照现有法律政策，结合白族口承文艺非遗的现状，声像类非遗信息资源的采集范围可包括：反映本单位与白族口承文艺非遗相关的职能活动的声像记录；反映白族口承文艺非遗传承、表演、交流活动的声像记录；反映白族口承文艺非遗传承人相关活动的声像记录；反映涉及白族口承文艺非遗的其他非遗活动的声像记录；其他具有保存价值的声像记录。近年来政府部门、社会组织、传承人等各类参与主体都非常重视当下的声像类信息资源的记录和收集，而过去的很多珍贵材料没有形成声像记录，相关组织和个人应该充分利用信息技术，尽可能地对手中掌握的白族口承文艺非遗资源进行数字化处理,形成声像类信息资源。

（三）其他类信息资源的采集范围

其他类非遗信息资源主要指除文字、声像形式以外的其他类的白族口承文艺非遗信息资源,结合白族口承文艺非遗的现状,其他类白族口承文艺非遗信息资源的采集范围可包括:各类涉及白族口承文艺非遗的牌匾、奖状、奖杯、奖牌、锦旗、荣誉证书、光荣册等获奖类材料;传承人表演的戏台、脸谱、三弦、二胡、月琴、醒木、扇子、手帕、服装、配饰等道具材料;其他有保存价值的实物。

二 信息资源采集的方式

非遗植根于复杂多元的社会环境,非遗信息资源的来源也具有明显的广泛性和多样性的特点,这决定了非遗信息资源的采集方式也必然是多样化的,多样化的采集方式可以保证非遗信息资源采集的完整性和全面性。大本曲、吹吹腔和白剧都是白族人民喜闻乐见的民间艺术形式,具有深厚的群众基础,其信息资源的采集需要全社会的共同努力,即在白族口承文艺非遗信息资源协同保障机制下开展信息资源采集工作,拓展多样化的采集方式,提高采集的数量和质量,提升白族口承文艺非遗信息资源的整体品质。协同保障机制下的白族口承文艺非遗信息资源采集方式还要区别分析,一方面是参与主体端的信息资源采集方式,另一方面是共建共享平台端的信息资源采集方式。

（一）参与主体端的信息资源采集方式

参与主体端的信息采集方式是主要针对单一的参与主体自身开展的非遗信息资源的采集工作,而白族口承文艺非遗信息资源建设的参与主体又是多元化的,因此不同性质的参与主体适合的信息资源采集方式也有所不同。周耀林等提出非遗档案的收集方式主要包括征集、接收、史料挖掘、购买、代管等方式[①],该观点对白族口承文艺非遗信息资源的采集具有重

---

① 周耀林等:《非物质文化遗产档案管理理论与实践》,武汉大学出版社,2013,第86~88页。

要参考价值,下面结合白族口承文艺非遗信息资源的实际情况分别探讨不同的采集方式。

其一,民间现场采集。多数非遗信息资源是民间自发形成的,没有进行专门的整理和保存,大量散存于民间的非遗信息资源也没有固定的接收渠道,因此非遗信息资源的采集以民间现场采集为主。白族口承文艺非遗是民间艺术形式,大量相关信息资源都散存于民间组织和个人手中,必须要专门人员深入民间走访采集。在实地调研中笔者了解到,各级各类档案馆、图书馆、博物馆等已经开展了一定的民间现场采集工作,主要是登门拜访传承人,并录音、录像、拍照,各参与主体通过民间走访目前已经采集到了一定数量的剧本、曲本、道具、照片、磁带、光盘、视频等形式的非遗信息资源。

其二,档案接收。档案接收是档案部门常用的信息资源收集方式,档案接收是指各级档案馆按照法律法规的要求无偿地接收非遗申报单位、保管单位或个人移交报送的档案的过程,具有明显的被动性特征,但是操作简单,成本低。① 就非遗信息资源而言,接收虽然不是主要方式,但也有一定的利用空间。通过实地调研笔者了解到,白族口承文艺非遗信息资源还没有形成专门面向档案馆的接收移交机制,目前主要是在非遗项目和传承人的申报过程中,传承人和非遗申报单位向文化行政部门提交申请材料。也就是说目前白族口承文艺非遗信息资源的接收移交主要适用于文化行政部门这一参与主体,他们在项目和传承人申报过程中接收了一定数量的传承人档案和非遗本体档案,并在项目和传承人认定和管理的日常工作中形成了一定数量的文书档案,这些文书档案使文化行政部门跟其他相关部门之间存在一定的接收和移交文书档案的工作关系。

其三,史料挖掘。史料挖掘指通过对历史资料中有关非遗的论述进行查阅、整理和组合,可以说明非遗的产生、发展历史,具有较高的可信度和完整度,因此成为非遗信息资源采集的重要方式。但是史料挖掘工作对工作人员的要求很高,不仅要求其具备信息资源采集工作的基本能力,而

---

① 周耀林等:《非物质文化遗产档案管理理论与实践》,武汉大学出版社,2013,第86页。

且要求其具有较高的历史文化水平。① 白族口承文艺非遗的史料挖掘工作对白族口承文艺非遗的研究至关重要，通过史料挖掘可以进一步弄清楚白族口承文艺非遗的源流，白剧是新中国成立以后才产生的，不存在历史源流的争论，而大本曲和吹吹腔的历史源流依然还存在学术争论。目前关于白族口承文艺非遗的产生年代的学术观点主要源自对《大理古代文化史稿》《南诏上大唐皇帝舅书》《山花碑》等史料的分析。史料挖掘的信息资源采集方式适合学术研究机构、图书馆、档案馆、博物馆等既有史料资源又有一定学术研究能力的参与主体，通过发掘手中掌握的有关史料丰富白族口承文艺非遗信息资源。

其四，购买。购买是指根据非遗信息资源完整性、系统性的需要，按照等价交换的原则，通过平等协商从非遗信息资源所有者手中计价收购所需非遗信息资源的方式。② 由于大量的白族口承文艺非遗信息资源都掌握在传承人手中，属个人财产，如果其不愿意捐赠出来，只能通过购买的方式采集。白族口承文艺非遗的剧本、曲本、道具、照片、视频、音频等都属于传承人的个人知识产权，如果作为商品出售都具有一定的市场价值，尤其是剧（曲）本被传承人视为核心资源，多数传承人是不愿意与外人共享的，甚至不愿意轻易示人。在笔者实地调研中，拜访的某位传承人就表示："我的曲本不会免费给人看的，如果要我的曲本一万块钱一本。"当然这可能仅仅是个玩笑，但起码表明传承人对曲本的重视，以及有偿提供或出售的可能，这也表明购买是采集白族口承文艺非遗信息资源的方式之一。另外，在笔者进行文献收集和实地调研时发现，很多网上旧书交易平台能够购买到非常有价值的文献资料，而这些文献资料在传承人、政府部门、图书馆、档案馆、博物馆处都找不到，这也从一个侧面反映了各参与主体并不重视非遗文献资料的留存，导致很多珍贵的非遗信息资源流失。

其五，代管。代管的方式常见于博物馆和档案馆，代管是档案馆或博物馆受非遗保管单位或传承人的委托，将其保存的具有重要价值的非遗资料暂时保管在档案馆或博物馆的方式，面对在采集过程中不愿将所收藏的

---

① 周耀林等：《非物质文化遗产档案管理理论与实践》，武汉大学出版社，2013，第87页。
② 周耀林等：《非物质文化遗产档案管理理论与实践》，武汉大学出版社，2013，第87页。

非遗资源捐赠、出售给档案馆或博物馆的情况，可以灵活地采取代管的方式。① 代管是非遗信息资源采集工作的重要方面，是丰富馆藏非遗信息资源、优化非遗信息资源结构的渠道之一，是给予非遗信息资源最佳保护的有效途径。档案馆和博物馆有良好的保藏条件以及专业的管理人员，对久远的非遗资料的保护更加有经验，能够帮助单位和个人更好地保管这些珍贵材料。② 在实地调研中笔者了解到，针对白族口承文艺非遗信息资源，代管的方式常见于非遗博物馆，在大理古城蒋公祠的非遗博物馆中展出的大本曲曲本和道具都是国家级传承人赵丕鼎提供的，这些非遗材料虽然在大理非遗博物馆展出，但产权还归传承人所有，这就是一种典型的白族口承文艺非遗信息资源的代管方式。

其六，数字化加工制作。在数字化技术和数字化设备广泛普及的时代，数字化加工制作是信息资源采集的重要方式，数字化加工制作既可以对已有的文献材料进行数字化处理，也可以新建数字化资源。数字化加工制作的方式适合于所有参与主体针对白族口承文艺非遗信息资源的采集工作，文化行政管理部门、档案馆、博物馆、图书馆、学术研究机构、传媒机构、非遗传承人等多元参与主体都可以通过拍照、扫描、转录的方式将手中掌握的非遗文献资源做数字化加工，使其可以永久保存，并提高其利用效率。随着非遗越来越受到社会各界的重视和关注，白族口承文艺非遗的保护、传承、表演活动日趋频繁，人们通过录音、录像、拍照等方式将这些活动记录下来，形成了新的非遗信息资源，不断丰富着白族口承文艺非遗信息资源。笔者通过实地调研了解到，在大本曲、吹吹腔、白剧的各种表演场合，媒体都会前来拍摄，传承人自己也会录制视频、拍摄照片，形成数字资源。另外，一些艺人还会很好地利用移动互联网，形成在线数字资源，例如大本曲传承人赵冬梅会实时地将自己参加的所有宣传、表演、研讨、排练、授徒等活动的照片和视频上传微信朋友圈，其微信朋友圈成为宣传和弘扬白族大本曲的自媒体，也形成了传承人的在线非遗信息资源库。

---

① 周耀林等：《非物质文化遗产档案管理理论与实践》，武汉大学出版社，2013，第88页。
② 周耀林等：《非物质文化遗产档案管理理论与实践》，武汉大学出版社，2013，第88页。

（二）共建共享平台端的信息资源采集方式

协同保障机制下的白族口承文艺非遗信息资源采集工作一方面依靠参与主体端的信息资源收集，另一方面依靠共建共享平台端的信息资源采集，以形成广泛的社会协同参与。前文中讨论了参与主体端的信息资源采集方式，这些方式的实施主体主要是单个的参与主体，适用于参与主体单独开展的信息资源采集工作，而在协同保障机制下开展非遗信息资源采集工作还需要整合各参与主体已经采集的信息资源，整合信息资源的主要方式是通过共建共享平台实现白族口承文艺非遗信息资源的共建、共享、共知。参与主体端的信息资源采集是各参与主体主动地通过民间现场采集、档案接收、史料挖掘、购买、代管、数字化加工等方式采集白族口承文艺非遗信息资源，而共建共享平台端的信息资源采集需要依靠各参与主体按照统一的规范，主动地向平台上传和共享信息资源。各参与主体通过共建共享平台将自己掌握的信息资源共享给社会公众，同时也可以通过共享平台了解其他参与主体上传和共享的信息资源。

要想让参与主体主动地向平台端上传和共享信息资源，尤其是让掌握大量信息资源的传承人愿意主动上传和共享信息资源，还需要“共建共享机制”和“激励评价机制”的配合。“共建共享”是白族口承文艺非遗信息资源共建共享平台建设和运行的指导思想，白族口承文艺非遗信息资源分布散乱，很多信息资源又涉及传承人的个人知识产权问题，因此必须本着“共同建设、共同受益”的原则引导社会参与，尤其是传承人的广泛参与，使他们愿意将自己手中的信息资源上传到共建共享平台，即便不能使他们上传全文，也能让信息资源目录为社会共知。“评价激励机制”是激励各参与主体主动将手中信息资源上传和共享的重要保障。在白族口承文艺非遗信息资源共建共享平台的运行中要实现各参与主体的利益协调共享，保障每个参与主体对平台信息资源的投入都能得到相应的回报，这样才能激发参与主体参与信息共享平台的积极性，具体可以通过物质奖励和精神奖励的方式激励平台参与者主动上传和共享信息资源。

总之，白族口承文艺非遗信息资源共建共享平台端的信息资源采集工作的核心是各参与主体主动上传和共享资源；前提是平台的信息资源共享必须按照统一的规范，主要是信息资源的分类和标引规范；重点是通过"共建共享机制"和"评价激励机制"激发各参与主体的参与热情，使他们愿意将全文和信息资源目录共享；难点是如何激励传承人主动向平台共享信息资源的积极性，可以从物质奖励和精神奖励两方面入手。

第二节　白族口承文艺非遗信息资源的组织

非遗信息资源的组织是指通过一系列措施和方法，将采集的非遗信息资源进行分类、编目和标引，使之有序化、系统化的过程。采集的非遗信息资源如不加组织，则处于杂乱、无序状态，无法较好地开发利用，也不能有效发挥非遗信息资源的价值。通过实地调研，笔者了解到各参与主体并没有针对白族口承文艺非遗信息资源开展全面、统一、科学、规范、系统的组织工作，只是有部分参与主体对手中掌握的白族口承文艺非遗信息资源进行了一些简单的分类处理，主要表现为：其一，文化行政部门对手中掌握的非遗项目申报和传承人申报材料进行了依"项"归档和依"人"归档的整理工作，其分类、排序的依据基本按照申报表的内容和顺序排列，内容形式主要有文字、照片和光盘。其二，部分传承人对手中掌握的一些非遗资源进行了一定的分类和编目处理，主要是对剧（曲）本进行了整理，例如大本曲传承人赵丕鼎的儿子赵福坤给其家中所藏的大本曲曲本编了目录，并对部分曲本进行了电脑录入形成电子版。其三，部分传承人对手中掌握的一些剧（曲）本进行了一定的信息标引处理，如大本曲传承人赵福坤改编整理过的赵丕鼎的曲本《云中落绣鞋》，与传统的大本曲曲本有明显的不同。首先，对曲本进行了数字化处理，并打印出来方便演唱者识读；其次，标明了曲本的知识产权所有者，即原本作者和整理作者；再次，对曲本内容进行了一定的标引，即标明该曲本是"大理白族北腔传统大本曲"，并标注了曲本的其他名字，这也体现了当前部分大本曲作者已经有了一定的信息标引的意识。事实上，并不是计算机普及以后艺人们才有了信息标引的意识，笔者在大本曲传承人李丽家中看到其父"海东腔"代表艺人李明璋对其在20世纪60年代至80年代创作的很多曲本都进行了一定程度的信息标引处理，主要标引了曲本的名称、别名、作者、题材（主要有神话故事、喜剧、革命斗争故事三种）、语种（主要有汉词和白语两种）、创作时间、创作地点、修改时间、修改地点、使用道具内容等项目，这表明老一辈大本曲艺人对大本曲曲本已经有了最原始的、最基本的信息分类、编目和标引的意识。

然而，以上所述都是白族口承非遗信息资源组织较为理想的个案，多数信息资源没有进行有效的组织，尤其是很多传承人缺乏信息组织的意识和知识。信息资源组织工作对白族口承文艺非遗信息资源的建设和开发利用至关重要，只有通过信息组织才能使信息资源有序化和系统化，才能更好地对信息资源进行开发利用。在协同保障机制下的白族口承文艺非遗信息资源组织工作，必须从总体上提出信息组织的规范。有效的实施途径便是从共建共享平台端控制信息组织规范，以共建共享平台为切入点，加强上传平台的信息资源的组织规范，通过平台端的组织规范控制向参与主体端传导，进而从总体上控制白族口承文艺非遗信息资源的规范，该规范的重点是白族口承文艺非遗信息资源的分类标准和描述规范。

一　信息资源的分类

白族口承文艺非遗信息资源主要可按照载体类型分类和按照内容分类。

按照载体类型分类较为简单，目前散落在各处的白族口承文艺非遗信息资源既有图书、报纸、论文、剧（曲）本、手稿、书信、奖状、文件、照片等纸质资源，也有从事表演的道具、舞台、传习场所、相关部门颁发的牌匾等实物资源，还有音频、视频、数码照片、磁带、光盘等多媒体资源。在协同保障机制下，各参与主体将信息资源上传到非遗信息资源共建共享平台，则载体形式都是数字资源，包括电子文件、电子文档、数码照片、音频、视频等。

按照内容分类则比较复杂，由于非遗信息资源的内容丰富、形式多样、数量众多、参与主体多元，目前学术界还没有形成非遗信息资源的规范统一的内容分类体系，比较有参考价值的观点是周耀林等提出了非遗档案的总体分类框架，即将非遗档案分为非遗本体档案、申报与保护工作中形成的档案、传承人档案等三大类①，在此笔者借鉴该观点将白族口承文艺非遗信息资源分为非遗本体信息资源、申报与保护工作中形成的非遗信息资源、非遗传承人信息资源三大类，并结合白族口承文艺非遗的自身特点，对其细分类目进行探讨。

（一）非遗本体信息资源

目前已有的研究成果还没有关于非遗本体信息资源的细分类别的研究，笔者结合白族口承文艺非遗的自身特点，将白族口承文艺非遗本体信息资源细分为记录和反映白族口承文艺非遗历史和文化的信息资源、记录和反映白族口承文艺非遗音乐和唱腔的信息资源、记录和反映白族口承文艺非遗的剧（曲）目和唱词的信息资源、记录和反映白族口承文艺非遗表演的信息资源。

其一，记录和反映白族口承文艺非遗历史和文化的信息资源。白族口承文艺非遗有着悠久的历史和深厚的文化，很多文献和实物类的信息资源都记录和反映了白族口承文艺非遗的历史和文化，应重点将能够反映口承文艺非遗历史和文化的各类信息资源归入此类。

其二，记录和反映白族口承文艺非遗音乐和唱腔的信息资源。白族口承文艺非遗的音乐和唱腔是其核心内容，记录和反映白族口承文艺非遗音乐和唱腔的信息资源也是其非遗信息资源的核心组成部分，因此应将这类信息资源单独作为一类，目前这类信息资源的数量并不多，因而更显珍贵和重要，主要有一些珍贵的文献信息资源，此外艺人表演的磁带、光盘、音频、视频等多媒体资源能够更加直观、丰富地反映其音乐和唱腔。

其三，记录和反映白族口承文艺非遗剧（曲）目和唱词的信息资源。剧（曲）目和唱词是白族口承文艺非遗的艺术载体和艺术表现，也是传承人表演的主要工具，还是传承人最看重的具有知识产权的核心资源。该类

---

① 周耀林等：《非物质文化遗产档案管理理论与实践》，武汉大学出版社，2013，第 67 ～ 68 页。

信息资源的主要载体便是传承人的剧（曲）本，其数量众多、分布广泛，且存在一定的知识产权问题，主要分散在传承人手中。

其四，记录和反映白族口承文艺非遗表演的信息资源。白族口承文艺非遗必须通过表演活动才能实现其产生、发展、演变，只有通过表演才能延续其艺术生命力，才能夯实其群众基础，才能实现其非遗活态传承。因此记录和反映白族口承文艺非遗表演的信息资源也属于白族口承文艺非遗本体信息资源的重要组成部分，这类信息资源主要是能够直观反映白族口承文艺非遗表演的照片、磁带、光盘、音频、视频等多媒体资源，此外表演用的三弦、扇子、手帕、醒目、脸谱、服装、戏台等实物也是反映表演活动的重要载体。

（二）申报与保护工作中形成的非遗信息资源

白族口承文艺非遗申报与保护工作中形成的信息资源主要来源于申报工作和保护工作两方面。

其一，申报工作中形成的信息资源。主要包括：在申报各级非遗保护名录的过程中，政府部门下发的申报通知、评审会议文件、审批文件、正式公布的保护名录文件等；申报单位提交的项目申请表和文字、照片、视频、光盘等证明材料。

其二，保护工作中形成的信息资源。为保护和传承大本曲、吹吹腔和白剧艺术，相关政府部门颁布和制定的法律、意见、办法等政府文件都属于保护工作中形成的信息资源，主要包括：相关部门发布的项目保护的规范性文件、会议文件、工作计划、总结、责任状、协议书；项目保护中形成的展览、陈列、观摩、培训、宣传等工作记录。

（三）非遗传承人信息资源

传承人信息资源是白族口承文艺非遗传承人在从事表演、传承和传播等活动中直接形成的，或与传承人直接相关的，能够记载和反映传承人从事相关活动历史状况的各种形式和载体的信息资源。该类信息资源既包括与传承人个人相关的信息资源，如个人履历、家族谱牒、照片、日记、书信、各种证书等，也包括与其所从事非遗活动相关的信息资源，如传承人申报材料，传承人表演的音频、视频、照片和研究论著，对传承人的社会评价和宣传的材料，传承人表演的道具和设备等材料。[①] 白族口承文艺非遗传承人的信息资源也可分为传承人生平类信息资源、传承人成果类信息资源、传承人评价类信息资源和其他类信息资源。

其一，传承人生平类信息资源。非遗传承人的生平传记、回忆录、照片、简历、传承人申报材料、谱牒、日记、书信、学历证书、各种荣誉证书、社会兼职的聘书等都应归为传承人生平类信息资源。

其二，传承人成果类信息资源。应归入传承人成果类信息资源的主要有非遗传承人创作和抄录的剧（曲）本，传承人开展表演和传承活动形成的照片、音频、视频、网络信息资源等各种材料。

其三，传承人社会评价类信息资源。各类媒体和出版物上刊发的研究、评价、宣传传承人的文章、照片、视频等材料都应归入传承人社会评价类信息资源。

其四，其他类信息资源。传承人信息资源中除了反映传承人生平、成果和社会评价的信息资源以外，还有一些不太好归入以上三类的档案材料，而这些材料又与传承人从事的表演、传承和传播活动紧密相关，故将这些信息资源归入其他类。例如传承人使用过的图书、资料、表演道具以及其他具有历史和纪念意义的物品等。

二 信息资源的描述

目前学术界关于非遗信息资源的描述问题，重点是研究非遗元数据的问题，通过研究非遗元数据的标准规范实现对非遗信息资源的描述。在网络化、信息化时代，通过文字、照片、音频、视频的方式记录非遗，形成数字化信息资源，并在网络平台进行信息资源共享与传播，成为当前非遗保护的总体趋势。[②] 在非遗数据库建设和网络信息资源共享中，非遗元数据标准的设计是一项非常重要的基础性工作，是不同类型数据库系统间实现互操作和数据共享的基础，也是实现对非遗信息资源的跨平台、跨对

---

① 黄体杨、王晋：《基于内容分析法的人物档案管理规范评述》，《档案学研究》2015 年第 4 期。

② 黄永林、谈国新：《中国非物质文化遗产数字化保护与开发研究》，《华中师范大学学报》（人文社会科学版）2012 年第 2 期。

象、跨载体共享和管理的前提。① 目前国际上有多种通用的元数据标准，应用什么类型的元数据标准描述非遗信息资源是学术界讨论的重点问题。目前学术界主要讨论了 DC（Dublin Core，都柏林核心元数据）、ISAAR（CPF）（《法人、个人及家庭背景信息国际档案规范文本》）、FRAD（《规范数据的功能需求》）、CDWA（Categories for the Description of Works of Art，艺术作品描述类目）、VRA Core（Visual Resources Association Core Data，视觉资源委员会核心元数据）、MARC（机读目录格式）等元数据标准对非遗信息资源描述的适用性。非遗信息资源内容丰富、类型多样，涉及人、机构、文献、视频、音频、图像、网络资源等多种资源对象，而非遗项目又大致分为民间文学、传统音乐、传统舞蹈、传统戏剧、曲艺、传统体育游艺与杂技、传统美术、传统技艺、传统医药、民俗等大类，不同类型的非遗在信息资源对象上又有很大的差异，故很难用现有的通用的元数据标准统一、简单地描述，因此要在现有通用元数据标准的基础上进行一定的改进，方能适应非遗信息资源描述的需求。下面笔者拟结合白族口承文艺非遗的自身特点以及其现状，基于 DC（Dublin Core，都柏林核心元数据）重点讨论白族口承文艺非遗信息资源的描述问题。

叶鹏、周耀林在 DC 元数据的核心著录项的基础上，针对非遗档案定义出了含 14 个标准元数据名，包含 67 个元素与扩展元素的非遗档案元数据标准集。② 该非遗元数据标准对本书研究白族口承文艺非遗信息资源的描述问题具有一定的参考价值，其体现了将 DC 元数据的通用的信息资源描述功能应用于非遗信息资源描述的取向，是 DC 元数据在非遗信息资源领域的具体化，比如该标准集将传承人作为一个核心著录项，规定主题一般指非遗的正式公开名称等。

但该非遗元数据标准集重点针对所有非遗项目的元数据描述，重点考虑的是对各种类型的非遗项目的普适性，著录的对象是非遗项目，适用于对某一非遗项目的信息资源描述，而本书重点研究的是对白族口承文艺非

① 叶鹏、周耀林：《论我国非物质文化遗产档案元数据的创立思路与语意标准》，《忻州师范学院学报》2014 年第 2 期。

② 叶鹏、周耀林：《论我国非物质文化遗产档案元数据的创立思路与语意标准》，《忻州师范学院学报》2014 年第 2 期。

遗信息资源的信息描述，即对有关白族口承文艺非遗的某一文献、某一视频、某一照片、某一实物的资源描述问题的研究。故借鉴该数据标准集将DC 元数据在非遗描述领域具体化的思路，结合白族口承文艺非遗信息资源的现状，重点考虑在协同保障机制下，白族口承文艺非遗信息资源共建共享平台的具体应用，笔者沿用 DC 元数据的题名（Title）、创建者（Creator）、主题（Subject）、描述（Description）、其他责任者（Contributor）、日期（Date）、类型（Type）、格式（Format）、标识符（Identifier）、语种（Language）、关联（Relation）、覆盖范围（Coverage）、出版者（Publisher）、权限（Rights）、来源（Source）等 15 个核心著录项，将其应用于白族口承文艺非遗信息资源的著录，提出相关扩展元素，并做具体注释，如表 5 – 1 所示。

表 5 – 1　白族口承文艺非遗信息资源著录项

元素名称	扩展元素	注释
题名（Title）	题名	信息资源的名称，尤其是剧（曲）本、音频、视频等信息资源还应重点考虑其别名
	并列题名	
创建者（Creator）	主要创建者	信息资源的主要创建者，包括个人或组织
主题（Subject）	主题词	描述信息资源内容的关键词或有代表性的主题词
描述（Description）	内容描述	信息资源内容的简介、摘要、目录等描述性内容
其他责任者（Contributor）	其他相关责任者	其他责任是对信息资源进行管理或保护做出贡献的其他个人或组织，也包括信息资源内容中涉及的主要个人或组织
日期（Date）	形成日期	主要包括信息资源的形成时间、保管日期以及上传共建共享平台的日期
	保管日期	
	共享日期	
类型（Type）	文本类资源	主要指文本类、图像类、音频类、视频类、实物类、其他类基本资源类型
	图像类资源	
	音频类资源	
	视频类资源	
	实物类资源	
	其他类资源	

续表

元素名称	扩展元素	注释
格式（Format）	资源格式	根据不同的信息资源类型著录其资源格式，文本类型资源主要著录字体、字号、页数、字数、页面尺寸、原始载体类型、文件格式等；图像类型资源主要著录图像尺寸、图像像素、图像分辨率、图像位深度、图像质量、文件格式等；视频类型资源主要著录时长、原始载体类型、色彩、声音质量、画面质量、画面宽高比、编码格式、音频采样频率、音频位深度、文件格式等；音频类型资源主要著录时长、声音质量、原始载体类型、编码格式、音频采样频率、音频位深度、文件格式等[1]；实物类型资源主要著录尺寸、材质、保存状况、技术参数等
标识符（Identifier）	分类号	标识符是识别信息资源的唯一标识，对资源的标识采用符合正式标识体系的字符串及数字组合。包括统一资源标识符（URI）、数字对象标识符（DOI）和国际标准书号（ISBN）等标准
语种（Language）	语种	文本类型的信息资源基本都是汉语，此外还应重点考虑视频、音频资源中有白语和汉语之分，还有字幕语种和声道语种之分
关联（Relation）	相关资源	与之相关的其他信息资源，通过相关资源的著录能够反映信息资源的内部联系，可表明与相关信息资源的包含关系、格式关系、版本关系、复制关系、文本参考关系等[2]
覆盖范围（Coverage）	时间范围	信息资源内容设计的空间特征，包括地区、地点、位置等
	空间范围	信息资源内容设计的时间特征，包括时代、日期、时间段等
出版者（Publisher）	出版者	信息资源的出版单位、贡献单位或个人、采集单位或个人
	贡献者	
	采集者	
权限（Rights）	知识产权	信息资源的版权声明、授权使用者、使用期限、使用方式和地点等

续表

元素名称	扩展元素	注释
来源（Source）	获取方式	获取方式主要包括征集、购买、接收、史料挖掘、数字化加工等，存放位置主要指实体资源的保管地点和数字资源的存储路径
	存放位置	

资料来源：①习晓耀《纳西族东巴口述文献的采集、整理与保护研究》，硕士学位论文，云南大学，2013，第 64~67 页。②蔡璐等《基于本体和元数据的非遗资源知识组织体系构建》，《图书馆理论与实践》2016 年第 3 期。

该元数据标准是根据 DC 元数据理论，结合白族口承文艺非遗信息资源的现状，从理论上提出的元数据集，由于该元数据标准并未经过实践检验，因此该元数据标准仅能作为理论参考，在应用于白族口承文艺非遗信息资源的具体描述工作时，该元数据标准还应进行必要修改和调整。

第三节　白族口承文艺非遗信息资源的开发利用

白族口承文艺非遗信息资源内容丰富、形式多样，具有重要的凭证价值、文化价值、历史价值、艺术价值、宗教价值、经济价值，是白族人民的宝贵文化财富，对白族口承文艺非遗信息资源开发利用是充分发掘其各类价值的重要途径。在对白族口承文艺非遗信息资源做好采集、组织工作的基础上，还应对其进行有效的开发利用，才能充分发挥其社会价值。而利用的前提是激活静态的信息资源，将其开发成方便用户利用的形式。[1]即根据社会需要，将白族口承文艺非遗信息资源由静态激活为动态，以用户便于利用的方式服务社会。

对白族口承文艺非遗信息资源的开发利用在充分参考传统方法的基础上，还应当充分考虑当前社会环境下信息用户的需求偏好，创新观念、拓展思路，探索非遗信息资源开发利用的新思路，重点进行特色化开发。只

---

[1]　陈祖芬：《妈祖信俗非物质文化遗产档案研究（理论篇）》，世界图书出版社，2015，第325 页。

有这样才能适应社会环境，满足用户日新月异的个性化、多样化的信息需求。也只有这样才能增强白族口承文艺非遗的社会适应能力，才能使其得到更好的传承和发扬。结合白族口承文艺非遗信息资源的现状，充分考虑当下社会需求特点，本书重点讨论白族口承文艺非遗信息资源的展演式开发利用、数字化开发利用和影视化开发利用三类具体开发利用方式和策略。

一　展演式开发利用

文化展演是当下我国非遗保护和传承工作中普遍开展和举办的活动，尤其是对于传统音乐、戏剧、曲艺、舞蹈类非遗项目，展演是非遗保护工作的首要任务，因为"活在场上"是这些非遗项目的特质，这样的特质决定了举办展演是对其进行宣传、保护最重要的方式。[1] 大本曲、吹吹腔是典型的白族民间曲艺形式，白剧是白族民间戏剧，都是活态的非遗形式，离开舞台和观众就失去了生命力。在传统自然消费市场日益萎缩的形势下，各类展演活动的举办为白族口承文艺非遗提供了更多的演出机会，不仅使其赢得了更广泛的关注和认可，艺人们也可获得一定的经济收入。

在目前对非遗信息资源的开发利用中，展览是最常见的形式之一，展览是档案馆（室）、博物馆、图书馆按照一定的主题以展出馆藏资源原件或其复制品的方式，系统地揭示和介绍有关非遗内容的一种服务方式。一般的展览重在"展"，而白族口承文艺非遗的展览还必须注重"演"，因此笔者认为展演式开发是白族口承文艺非遗信息资源开发利用的重要方式，也是社会公众喜闻乐见的民族文化活动。在白族口承文艺非遗信息资源的展演式开发中，"展"和"演"密不可分，"展"是通过展览图片、文字、实物、多媒体等非遗信息资源，以图文并茂的方式向社会公众传递非遗信息，让社会公众体会其历史和文化；"演"是对白族口承文艺非遗的"活态化"现场呈现，更能给观众以真实的文化体验。现实中，白族口承文艺非遗的展演式开发已经在不同的场合多样化开展，总的来说仍可以分为展

---

[1]　康保成主编《中国非物质文化遗产保护发展报告（2012）》，社会科学文献出版社，2013，第130页。

览和演出两方面。

涉及白族口承文艺非遗信息资源的展览主要是档案馆举办的展览和博物馆举办的展览。其一，档案馆举办的展览。实地调研了解到，一些档案馆展出了馆内收藏的部分白族口承文艺非遗档案，例如大理市档案馆以大理市非遗为主题，展出了与白剧、绕三灵、白族扎染等非遗相关的图片、实物类档案，其中有大本曲代表性非遗传承人赵丕鼎的个人照片和国家级非遗传承人认定证书的照片复制件，另外还有白剧代表性剧目的演出照片。其二，博物馆举办的展览。博物馆举办的非遗展览相对档案馆的展览来说要更加丰富一些，受众面也更广。位于大理古城蒋公祠内的大理市非遗博物馆以大理市非遗为主题，较为丰富地展出了白剧、绕三灵、吹吹腔、白族扎染、石宝山歌会、三月街等非遗项目的相关信息资源，其中有大本曲、吹吹腔、白剧的曲本、道具、表演照片、传承人的文字图片介绍、非遗传承人名录等内容，该博物馆每天供大量海内外游客免费参观，每天上午赵丕鼎、赵冬梅、赵福坤一家在此现场表演大本曲。2016 年 11 月 11 日云南省首家州（市）级非遗博物馆——大理白族自治州非遗博物馆建成开馆，常年免费向公众开放。运用全息幻影成像、电子地图、多媒体展示、微缩场景、玻璃钢人像、3D 画面等先进信息技术，让观众充分感受大理非遗的独特魅力。[①] 其中第五展厅又叫白剧展厅，集中展示了吹吹腔、大本曲和白剧艺术，展出了大量珍贵的大本曲非遗信息资源，例如，馆中展出的一把三弦是大本曲南腔代表艺人杨汉先生生前用过的，它除了历史久远之外最重要的意义是，在毛主席接见杨汉先生的时候，他就是用这把三弦为毛主席弹奏了一曲《大理三月好风光》。[②]

通过实地调研和网络调研了解到，近年来在非遗保护的整体推动下，白族口承文艺非遗的表演活动越来越多，尤其是大本曲的各类演出非常频繁，因为大本曲的表演不需要太多道具和舞台设备。笔者通过对传承人赵冬梅进行深度访谈，了解了目前大本曲演出的基本情况。据传承人赵冬梅

---

① 《大理州非遗博物馆开馆》，云南省文化和旅游厅官网，http://www.ynta.gov.cn/Item/29063.aspx，2019 年 8 月 10 日。

② 《双 11，大理州非物质文化遗产博物馆将正式开馆，并免费开放》，来大理网，http://www.comedali.com/tnew/show/id/2652，2019 年 8 月 10 日。

说，她每年的表演场次有 300 多场，基本上平均每天 1 场，可见演出是宣传和传播大本曲非遗的首选途径。白族大本曲的演出按照演出的性质有比赛演出、节庆演出、政府组织的文化展演、民间邀请演出等类型。其一，比赛演出主要包括市、州、省、国家、国际等各级各类演唱比赛，通过演唱比赛，再加上媒体报道，扩大大本曲非遗的影响力，提升关注度，同时也是传承人扩大知名度的好机会。例如赵冬梅多次在大理市、大理州、云南省组织的演唱比赛中获奖，2012 年 6 月还被邀请参加第二届巴黎中国曲艺节，她表演的《麻雀调》获得银奖，后被云南省文联授予云南文艺基金贡献奖。其二，节庆演出主要包括在三月街、火把节、本祖节、春节等传统节日期间，大本曲传承人受邀参加的演出，在盛大的节庆演出中观众数量较多，对大本曲非遗的宣传和传播效果非常好。据了解，赵丕鼎、赵冬梅、赵福坤一家在重要节庆期间，基本上全家齐上阵，从早到晚地演出才能满足旺盛的市场需求。其三，政府组织的文化展演主要指政府部门组织的非遗展演、旅游文化展演等主题展演活动，赵冬梅一家多次受邀参加了政府组织的省内外展演活动，例如赵冬梅受邀参加了由原云南省旅游发展委员会和大理州政府于 2017 年 8 月在上海豫园举办的云南大理民俗风情展演活动，活动长达一个月，向中外观众隆重展演了白族大本曲、霸王鞭、剑川古歌等白族歌舞，东方卫视还报道了该活动，极大地提升了白族大本曲等非遗在省外地区的社会知名度和关注度。其四，民间邀请演出主要指受企业和个人邀请的演出活动，企业邀请的演出多数都是旅游企业邀请大本曲艺人到旅游景点为游客演出，目前多数知名艺人都固定在蝴蝶泉、蒋公祠、金梭岛等大理地区的旅游景点演出，除此之外还受邀到昆明等地的旅游景点进行演出。如 2016 年 4 月，赵丕鼎、赵冬梅、赵福坤、张亚辉、李丽等受邀到云南民族村进行大本曲展演活动。个人邀请的演出一般是村民家中办红白喜事，邀请大本曲艺人到家中表演，多见于白族村寨中。

综上所述，展演式开发利用是当前白族口承文艺非遗信息资源开发利用的主要形式，无论是展览还是演出都有一定的受众，通过展演使白族口承文艺非遗的社会关注度得到了很大的提升。笔者认为，白族口承文艺非遗信息资源的展演式开发还有一定的提升空间，具体还应注意两方面的问题。

其一，注重展演与传承相结合。白族口承文艺非遗展演的目的主要是宣传推介非遗项目和非遗传承人，从而达到保护和传承非遗的根本目的，而当前白族口承文艺非遗发展中面临的最严峻问题是市场萎缩和后继无人的问题，当下通过各类丰富多样的展演活动基本达到了宣传和传播的目的，而传承问题还未见成效，可以尝试在展演活动中重点考虑其传承问题。一方面展演活动中可以融入观众体验环节，吸引更多观众学唱、学演。通过赵冬梅的微信朋友圈了解到，在上海豫园举办的云南大理民俗风情展演活动就吸引了部分观众学唱大本曲。另一方面，传承的关键在于吸引更多的年轻人学唱、学演白族口承文艺非遗项目，今后开展展演活动应该重点关注年轻人，比如可以推出白族口承文艺非遗展览进校园活动，或组织学生参观博物馆、档案馆，使学生对大本曲、吹吹腔、白剧等艺术产生兴趣并学唱、学演。目前各表演团体和传承人已经开始积极参与白族口承文艺非遗进校园的活动，大理州白剧团组织白剧专家和优秀演员到大理大学、下关四小、下关少艺校等学校传授白剧艺术知识、进行白剧表演培训。大本曲传承人赵丕鼎、赵冬梅等持续地跟大理州喜洲镇作邑完全小学合作，推进大本曲进校园活动，他们定期到学校教授小学生学习大本曲，并在重要节庆排演节目，在大本曲进校园工作中做出了一定贡献。吹吹腔剧团也大量吸引本村的年轻人参加吹吹腔演出，传授表演技艺。

其二，注重系统性文献资源的展览。当前白族口承文艺非遗信息资源的展览大多展出的是与表演相关的曲本、道具、服饰、图片、视频等，少有史志、书籍、音像出版物等系统性文献资源，参观观众从中获得的信息是碎片化的。事实上有关白族口承文艺非遗的文献资料在图书馆、学术研究机构、档案馆、传承人家中都有收藏，比如已经出版的《白剧志》《大本曲简志》《大本曲音乐》《白族大本曲音乐》《白族大本曲研究》等都是非常好的系统性文献资源，只要展演单位从观念上重视该问题，将这些文献资源汇总并展出，观众通过阅览这些文献能够更深入和集中地了解白族口承文艺非遗的历史、文化和艺术内涵。当然，现有的文献资源还不够丰富，还存在内容老旧的问题，还需相关研究人员对相关材料积极进行筛选、加工、提炼、编纂，开发更加多样化的编研成果，例如曲目汇编、剧目汇编、唱腔汇编、艺人汇编等。另外《白剧志》是 1989 年出版的，距今已经 30 年了；《大本曲简志》是 2003 年出版的，距今也已 16 年；吹吹腔从来还没有出版过志书，因此急需重新修订和编写大本曲、白剧、吹吹腔的相关志书。

二 数字化开发利用

在多媒体技术、数据库技术、网络技术、虚拟现实技术、人工智能技术等信息技术高度发达的今天，无论从信息资源数字化角度还是非遗数字化保护与传承角度来看，利用信息技术对非遗信息资源进行数字开发利用是高效、便捷、安全的开发利用途径，并且在实践中也已经有了很多成功案例，故白族口承文艺非遗信息资源数字化开发利用的必要性、可行性、作用、意义等基本理论问题已无须多议，在此笔者重点讨论当前白族口承文艺非遗信息资源数字化开发利用的现状和改进措施等现实问题。

纵观国内外的理论成果和实践经验，常见的非遗数字化开发利用的方式主要有建设数据库、建设专题网站、借助新媒体平台开发利用等，就白族口承文艺非遗信息资源而言，在数字化开发利用方面还比较欠缺，主要表现在以下几方面。

其一，鲜见白族口承文艺非遗专题数据库。建设数据库是学术界众多学者提出的对非遗资源保护的常见措施，现实中也有众多实践成功案例。专题数据库是非遗信息资源开发利用的重要手段，专题数据库更便于非遗信息资源的采集、组织、存储、检索和利用。在调研中笔者还未发现有关白族口承文艺非遗的成熟的数据库资源，仅仅是零星地在一些民族文献数据库、非遗数据库中有所涉及。

其二，鲜见白族口承文艺非遗专题网站。在网络时代，人们查找和利用信息的首选是网络资源，而网站是获取网络资源的窗口和平台，目前国内外已建成很多非遗专题网站，社会公众可登录网站了解非遗相关信息，在调研中笔者还未发现有关白族口承文艺非遗的专题网站，只有通过云南非物质文化遗产保护网（http://www.ynich.cn）、大理电视网（http://www.dalitv.net）、百度（https://www.baidu.com）、优酷（http://www.youku.com）、中国知网（http://www.cnki.net）等网络平台才能够查找到关于大本曲、吹吹腔和白剧的文字介绍、图片、视频、学术研究成果等网络信息资源。

其三，部分艺人利用新媒体管理个人信息资源。近年来新媒体的用户数量暴增，移动互联网用户数量已经超越传统互联网的用户数量，移动互联网应用已经深入社会的各行各业，成为人们生产、生活中必不可少的一部分。部分艺人也通过移动应用存储、传播和交流信息，尤其是一些艺人的个人微信非常活跃，例如赵冬梅的个人微信就经常发布个人及其家人表演、传承、传播大本曲的相关信息，也成为笔者关注和研究白族大本曲的重要的第一手网络资源。但能够利用新媒体及时、完整地管理个人非遗信息资源的传承人毕竟是少数，无论是信息资源的数量还是质量都还不理想，还很难对其进行系统性开发利用。

基于对白族口承文艺非遗信息资源的数字化开发利用的现状分析，笔者认为，白族口承文艺非遗信息资源的数字化开发利用还有很多工作要做，重点是建设专题数据库和专题网站，并鼓励各参与主体充分发挥新媒体的作用。结合白族口承文艺非遗信息资源的数字化开发利用的现状，借鉴国内外相关成熟经验，笔者对其提出以下建议。

其一，依托共建共享平台建设专题数据库和专题网站。建设专题数据库有利于进行信息资源采集、组织、存储、检索和利用等工作，而用户使用数据库的主要途径便是登录网站，因此，从信息资源开发利用角度看，专题数据库和专题网站是密不可分的，专题数据库的重点是信息资源，专题网站的重点是信息服务。建设专题数据库和专题网站应依托白族口承文艺非遗信息资源共建共享平台，通过共建共享的方式才能丰富和完善专题数据库的信息内容，通过共建共享的方式才能优化专题网站的信息服务。专题数据库和专题网站的建设仍需秉承政府主导、社会协同参与的建设思路。

其二，引导各参与主体充分利用"两微一端"新媒体平台。"两微一端"的新媒体平台指当下移动互联网用户使用最为频繁的微信、微博、移动客户端。目前已有部分传承人使用个人微信宣传和传播白族口承文艺非遗，但都属个人行为，这些个人自媒体信息是重要的网络信息资源，信息碎片化特征明显。笔者认为，为更好地利用微信平台宣传和传播白族口承文艺非遗，应由政府部门主导，开设微信公众号，成立专门运营维护团队，系统、及时地发布与白族口承文艺非遗相关的各类信息内容，这样该公众号便能成为公众了解、获取、利用白族口承文艺非遗信息资源的移动平台。就微博而言，目前传承人较少使用，笔者能够查到的只有"大理非物质文化遗产博物馆"和"大理白族自治州白剧团"的官方微博，大理非遗博物馆的微博开设于 2012 年，信息更新还算及时，但是至笔者调研时粉丝数量只有 1055 人；大理州白剧团的官方微博开设于 2015 年，信息更新不是太及时，至笔者调研时粉丝只有 141 人。可见新媒体的关注度仍显不够，无法较好地起到宣传和传播白族口承文艺非遗的作用，还需通过线上线下结合的方式宣传和推介该平台，发挥官方微博的信息平台作用。目前鲜见与白族口承文艺非遗相关的移动客户端，因为移动客户端的主要功能是办理业务，目前白族口承文艺非遗并不涉及任何业务流程，故也没有这方面的信息需求，但笔者认为，如果白族口承文艺非遗信息资源共建共享平台的建设能够付诸实践的话，开发相应的移动客户端是必不可少的，用户可以通过移动客户端上传、存储、检索、利用数字化信息资源。总之，在协同信息资源保障机制下，"两微一端"新媒体的建设和利用还应依托白族口承文艺非遗信息资源共建共享平台，这样能够更好地提高工作效率和用户关注度，真正发挥新媒体的优势。

其三，高度关注数字信息资源的知识产权问题。在网络环境下，数字化开发利用在发挥其便于存储、检索、利用优势的同时，也不可避免地带来一些问题，尤其是知识产权的问题。数字信息资源具有容易复制、容易传递、容易剽窃的弱点，导致一些数字信息资源的所有者的知识产权很容易受到侵害。比如，据传承人李丽及其家人讲述，早在 2001 年，在未经本人允许的情况下，云南省某音像出版社就将其表演视频制作成音像制品公开发行并售卖，严重侵犯其本人的知识产权。可见在互联网不是很发达的时候，白族口承文艺非遗的数字化开发利用就已经出现了知识产权纠纷问题，在互联网高度发达的今天，网络上能查找到大量关于白族口承文艺非遗的数字资源，这些数字资源有没有涉及侵犯知识产权的问题值得重视。也正是由于知识产权问题，才导致很多珍贵的信息资源难以被数字化开发利用，比如曲本、剧本、道具等是白族口承文艺非遗信息资源的重要内容，而这些信息资源又涉及传承人的知识产权，必须在保障传承人知识产权不受侵犯的前提下，才能对其进行深入的数字化开发利用，这也正是在协同信息资源保障机制下，白族口承文艺非遗信息资源共建共享平台建设中应重点关注的问题。

三 影视化开发利用

近年来中国影视市场发展如火如荼，精品内容不断涌现、利好政策不断落地，而且市场需求呈井喷式增长，影视市场包括电影、电视剧、综艺节目、动画等，其中电影和电视剧在影视市场的占比为 70% 左右。预计到 2020 年市场规模将超过 5000 亿元，年复合增速为 25% 左右。[①] 中华人民共和国成立以来，云南推出了以少数民族风情、民俗、民歌等为题材的《阿诗玛》《五朵金花》《孔雀公主》《花腰新娘》等影响国内外的著名民族影视剧。近年来，云南省民族文化产业也走出了一条独具特色的发展道路，打造了以民间原生态歌舞为内容的《云南映象》《丽水金沙》《梦幻腾冲》《勐巴拉娜西》《印象丽江》等民族歌舞品牌。[②]

我国的很多传统非遗也在不断探索影视化开发的道路，通过将非遗元素嵌入电影、电视、纪录片、综艺节目、动画等影视题材，迅速提升非遗的知名度和关注度，国内部分地方政府和企业已经开始着手布局非遗影视产业，比如杭州非遗影视文化产业园，充分彰显杭州的地域特色，非遗文化、数字动漫等元素随处可见，打造非遗影视文化产业。[③] 另外，在浙江非遗网上专门设置了非遗电影这一栏目，可见浙江省对非遗影视化开发是非常重视的，其经验值得学习和借鉴。白族口承文艺非遗具有较高的艺术价值，是白族传统文化的重要组成部分，其音乐和唱腔中还蕴含了大量的艺术创作的原型和素材，为新的艺术创作提供了不竭的源泉。鉴于白族口承文艺非遗的艺术价值、历史价值和文化价值，对其进行影视化开发是完全有基础的。非遗的影视化开发涉及文化、艺术、经济、行政管理等诸多

---

① 《2016 年中国影视产业市场规模预测及未来发展前景分析》，中国产业信息网，https://www.chyxx.com/industry/201610/455159.html，2019 年 8 月 13 日。

② 子志月：《云南少数民族口述档案开发利用研究》，博士学位论文，云南大学，2013，第 93 页。

③ 邹娟：《杭州要建一个类似横店的影视基地 打造非遗影视文化产业》，搜铺网，http://www.soupu.com/news/665736，2019 年 8 月 13 日。

领域，本书重点研究非遗信息资源开发利用的问题，笔者认为，白族口承文艺非遗的剧（曲）本、音乐具有较大的影视开发潜力，以下分别对之进行探讨。

其一，剧（曲）本的影视化开发利用。白族口承文艺非遗的剧（曲）本都是长篇大本，艺人表演一般都离不开剧（曲）本，所以艺人对自己的剧（曲）本非常看重。无论从非遗层面还是从艺术层面来说，剧（曲）本都是其核心内容。对剧（曲）本的开发利用重点是其内容，大本曲、吹吹腔、白剧的每一个剧（曲）目都讲述了一个完整的故事，多是长篇故事，而且题材多样，从影视化开发的角度来看，这些剧（曲）目非常适合改编成影视剧本，通过影视媒体宣传和传播非遗元素。以大本曲为例，从题材上看，大本曲的曲目可以分为很多类型，主要包括反映家庭生活型、反映男女爱情型、反映宗教信仰型、反映历史传统和社会现实型等，具体如表5-2所示。题材多样的大本曲曲目中有很大一部分都是改编自汉族的民间故事、神话传说和传统戏剧，受汉文化影响很大，故其价值观与汉族观众的价值观也相符。

表5-2 白族大本曲曲目的题材

题材类型		代表曲目
反映家庭生活型	道德伦理型	《双钉记》《蟒蛇记》《磨房记》《杀狗劝夫》《王玉莲游西京》《辽东记》等
	行孝劝孝型	《白音哥行孝》《王祥卧冰》《郭巨埋儿》等
	伦理与劝孝相结合型	《凤凰记》《孟宗哭竹》《丁郎刻木》等
	家庭悲欢离合型	《双槐记》《沙灯记》《宝串珠》《金箱记》《蔡状元修洛阳桥》等
反映男女爱情型	爱情与道德结合型	《崔氏逼婚》《醉酒失妻》《铡美案》《赵五娘寻夫》等
	才子科举与佳人守约结合型	《柳荫记》、《白扇记》、《高彦珍下科》、《八仙图》（后本）、《王石鹏祭江》、《三妻两状元》、《卖水记》、《张忠认亲》、《韩顺龙退亲》等
	神女下嫁和佳人青睐型	《董永卖身》《张四姐下凡》《白蛇记》等
	爱情与征战结合型	《牛头山招亲》《三请三休樊梨花》等

续表

题材类型		代表曲目
反映宗教 信仰型	宗教信仰型	《三公主修行记》《黄氏女对金刚经》《金铃记》《傅罗白寻母》《唐王游地府》《王素珍关灯》等
反映历史传统和 社会现实型	本民族历史型	《白王的故事》《火烧松明楼》《杜文秀起反》等
	汉族历史型	《苏武牧羊》《孔明借箭》《精忠说岳》等
	申冤型	《四下河南滴血珠》《卖花记》《张元庆敬宝》等

资料来源：董秀团《白族大本曲研究》，中国社会科学出版社，2011，第118～136页。

　　就影视化开发而言，笔者认为改编自汉族民间故事、神话传说和传统戏剧的剧（曲）目不具有太大的开发潜力，因为这些剧（曲）目和故事已经有很多被改编成影视剧了。另外白族口承文艺非遗的剧（曲）目又分传统剧（曲）目和新编剧（曲）目，传统剧（曲）目绝大多数都是长篇故事，适合影视化开发，而很多新编的剧（曲）目都很短，没有故事情节，不适合进行影视化开发利用。白族口承文艺非遗剧（曲）目的影视化开发利用应该重点针对那些鲜明地反映白族历史、文化、宗教的剧（曲）目，将这些白族特有的剧（曲）目和故事改编成影视剧剧本，例如对《白王的故事》《火烧松明楼》《望夫云》《上关花》《大理好风光》《蝴蝶泉》《三公修行》《红色三弦》《苍山红梅》《苍山会盟》《数西调》等取自白族本土题材的剧（曲）目进行影视化开发，将能够更好地传播和弘扬白族文化，也能更好地传播白族口承文艺非遗。

　　其二，音乐的影视化开发利用。记录和反映白族口承非遗音乐的主要包括记载和研究大本曲、吹吹腔、白剧音乐的著作、论文、音频和视频材料。白族口承非遗音乐的影视化开发利用重点仍然是对其音乐内容的开发利用，即唱腔，尤其是大本曲的唱腔。大本曲的音乐元素在一些影视剧中已经有所体现，例如电影《五朵金花》中的"阿鹏哥"和"音乐家、画家"一起坐着马车找"金花"，途中路遇采药老人的场景，采药老人唱的就是大本曲南腔中的"平板"。[①] 大本曲以这样的方式嵌入影视剧中还不

---

① 孙聪：《论白族传统音乐在电影〈五朵金华〉中的应用》，《大理大学学报》2016年第3期。

能给观众以深刻的印象，还无法达到宣传和传播大本曲的目的，还应该以主题更加鲜明的方式去体现：比如 2002 年，施志镒拍摄了探寻白族音乐根源及发展变化的《白族大本曲》纪录片①，但该纪录片笔者也未查询到，可见其影响力和关注度并不理想。总之，为增强影响力和关注度，大本曲音乐的影视化开发应该更加贴近当下观众需求，如 2008 年第 13届 CCTV 青年歌手电视大奖赛，原生态歌手阿鹏以一曲改编创作的大理白族大本曲《见你病就好》获得评委和观众的喜爱。2017 年 2 月著名舞蹈家杨丽萍的音乐剧《五朵金花》音乐团队到大理采风大本曲艺术，著名作曲家万里和作词家蒋明初采访了赵丕鼎、赵冬梅和赵福坤等大本曲艺人。

白族口承文艺非遗的音乐创作工作需要有材料和素材为基础，如果说白族口承文艺非遗的音乐创作是艺术团体和个人的专业化工作，那么收集、整理、编研音乐信息资源便是信息资源建设领域的工作。现今能找到的系统记载白族口承文艺非遗唱腔的文献资料只有 1958 年出版的《大本曲音乐》、1986 年出版的《白族大本曲音乐》、1989 年出版的《白剧志》，距今已经几十年了，亟须加强白族口承文艺非遗音乐的编研工作，加快出版反映白族口承文艺非遗音乐最新发展情况的编研成果。在编研工作中还可以充分利用多媒体技术，突破传统的文字编研的局限，将文字、图片、音频、视频等各种类型的信息资源整合到一起，对白族口承文艺非遗音乐进行更加生动的表现，这将非常适合于表现音乐类信息资源。比如，在《大本曲音乐》《白族大本曲音乐》《白剧志》中的唱腔只能采用文字记录的方式体现，非常抽象，不便于学习和利用。而采用多媒体技术的编研工作，在表现某一唱腔时，可以在文字记录的基础上配以表现该唱腔的图片、音频、视频文件，则更加生动，更加便于理解，更加便于利用，这些图片、音频、视频文件可以自行录制采集也可以从已有的多媒体资源中截取。

---

① 施志镒：《探访云南十二年》，中央新影集团官网，http://www.cndfilm.com/special/jlysh/20130814/103323.shtml，2019 年 8 月 15 日。

第四节　白族口承文艺非遗信息资源的
专题数据库示例

　　白族口承文艺非遗信息资源专题数据库的建设源自两方面的需要：一方面源自白族口承文艺非遗信息资源共建共享平台建设的需要，协同保障机制下共建共享平台的建设必须要有专题数据库作为支撑，同时专题数据库的建设也离不开共建共享平台的协同保障机制，依托白族口承文艺非遗信息资源共建共享平台，通过共建共享的方式才能丰富和完善专题数据库的信息内容。另一方面源自非遗信息资源数字化开发利用的需要，专题数据库是非遗保护和非遗信息资源开发利用的重要手段，专题数据库更加便于非遗信息资源的采集、组织、存储、检索和利用。无论是共建共享平台建设的需要还是非遗信息资源数字化开发利用的需要，专题数据库的建设都必须秉承政府主导、社会协同参与的建设思路。

　　专题数据库的建设需要社会参与主体的共同参与和协同构建。信息资源是专题数据库的主要内容，笔者尝试以文献调查、网络调查和实地调研收集到的白族口承文艺非遗信息资源为基础，设计一个小型的信息资源专题数据库，目的是对白族口承文艺非遗信息资源的分类体系和元数据标准进行实践探索，为社会协同参与提供借鉴。下面以白族口承文艺非遗信息资源专题数据库为示例，重点探讨其信息资源分类体系、元数据标准以及数据库基本功能。

一　信息资源分类体系

　　白族口承文艺非遗信息资源的分类一般按照载体类型分类和内容分类。按照内容分类的非遗信息资源体系尚未成熟，操作性并不强。按照载体类型分类的非遗信息资源体系相对来说具有一定的可操作性，结合白族口承文艺非遗信息资源的现实状况，在专题数据库的设计中按照载体类型对其进行了如下分类：

　　1. 大本曲
　　1.1　文本

    1.1.1 著作

    1.1.2 论文

    1.1.3 报纸

    1.1.4 手稿

    1.1.5 文件

  1.2 图片

    1.2.1 奖状、证章

    1.2.2 照片

  1.3 数字及音像资源

    1.3.1 音频

    1.3.2 视频

    1.3.3 网络资源

  1.4 实物

  1.5 其他

2. 吹吹腔

  2.1 文本

    2.1.1 著作

    2.1.2 论文

    2.1.3 报纸

    2.1.4 手稿

    2.1.5 文件

  2.2 图片

    2.2.1 奖状、证章

    2.2.2 照片

  2.3 数字及音像资源

    2.3.1 音频

    2.3.2 视频

    2.3.3 网络资源

  2.4 实物

  2.5 其他

3. 白剧

  3.1   文本

    3.1.1 著作

    3.1.2 论文

    3.1.3 报纸

    3.1.4 手稿

    3.1.5 文件

  3.2   图片

    3.2.1 奖状、证章

    3.2.2 照片

  3.3   数字及音像资源

    3.3.1 音频

    3.3.2 视频

    3.3.3 网络资源

  3.4   实物

  3.5   其他

专题数据库中将白族口承文艺非遗信息资源分为三个大类，即大本曲、吹吹腔和白剧三个非遗项目，作为一级类目。三大类下面的子类基本一致，二级类目包括文本、图片、数字及音像资源、实物、其他。文本类二级类目又分为著作、论文、报纸、手稿、文件五个三级类目。图片类二级类目又分为奖状证章、照片两个三级类目。数字及音像资源二级类目又分为音频、视频、网络资源三个三级类目。考虑到实物信息资源在数据库中主要以图片形式体现，未对其进行载体类型的细分。另外，考虑到白族口承文艺非遗信息资源分类体系比较简单，在专题数据库中信息资源的编号由系统自动形成。

该分类体系是按照一般的载体类型分类原则结合白族口承文艺非遗信息资源的实际状况形成的，根据今后专题数据库建设的情况还可对信息资源的分类体系进行适当调整。

二　元数据标准

前文中已经在协同保障机制背景下，从理论上探讨了白族口承文艺非遗信息资源共建共享平台中的白族口承文艺非遗信息资源元数据问题，并基于DC 元数据的题名（Title）、创建者（Creator）、主题（Subject）、描述（Description）、其他责任者（Contributor）、日期（Date）、类型（Type）、格式（Format）、标识符（Identifier）、语种（Language）、关联（Relation）、覆盖范围（Coverage）、出版者（Publisher）、权限（Rights）、来源（Source）等15 个核心著录项，做出了具体注释。专题数据库的信息资源元数据同样也参照 DC 元数据标准，但必须结合白族口承文艺非遗信息资源的现实状况做一定的修改，包含 9 个著录项：题名（Title）、责任者（Contributor）、主题（Subject）、描述（Description）、日期（Date）、类型（Type）、格式（Format）、标识符（Identifier）、来源（Source）。其中做出的修改主要包括：将创建者和其他责任者项合并；将信息资源的时间和空间覆盖范围体现在日期和描述中；将出版者、语种、权限、关联等内容体现在描述中。白族口承文艺非遗信息资源专题数据库的信息资源著录项如表 5 - 3 所示。

表 5 - 3　专题数据库的信息资源著录项

元素名称	扩展元素	注释
题名（Title）	题名	信息资源的名称，尤其是剧（曲）本、音频、视频等信息资源还应重点考虑其别名
	并列题名	
责任者（Contributor）	主要创建者、其他责任者	信息资源的主要创建者，包括个人或组织。其他责任者是对信息资源进行管理或保护做出贡献的其他个人或组织，也包括信息资源内容中涉及的主要个人或组织
主题（Subject）	主题词	描述信息资源内容的关键词或有代表性的主题词
描述（Description）	资源描述	信息资源内容的简介、摘要、目录等描述性内容
日期（Date）	形成日期	主要包括信息资源的形成时间、保管日期以及修改日期等
	保管日期	
	修改日期	

续表

元素名称	扩展元素	注释
类型（Type）	文本类资源	主要指文本类、图片类、音频类、视频类、实物类、其他类等基本资源类型
	图片类资源	
	音频类资源	
	视频类资源	
	实物类资源	
	其他类资源	
格式（Format）	资源格式	根据不同的信息资源类型著录其资源格式，主要是资源的数字文件格式。如：文本类型资源主要有 pdf、doc、docx、xls、ppt、wps、caj、txt 等格式；图像类型资源主要有 bmp、jpg、png、tif、psd 等格式；音频类型资源主要有 wav、wma、mp3 等格式；视频类型资源主要有 avi、wmv、mpeg、mp4 等格式
标识符（Identifier）	分类号	分类号按照分类体系编号，资源编号由系统自动生成
来源（Source）	获取方式	获取方式主要包括征集、购买、接收、史料挖掘、数字化加工等，存放位置主要指实体资源的保管地点和数字资源的存储路径，附件指以附件形式上传的文件
	存放位置	
	附件	

三　数据库基本功能

白族口承文艺非遗专题数据库主要包括三个模块：资源管理模块、分类管理模块和统计管理模块。资源管理模块主要是对白族口承文艺非遗信息资源的管理，可实现对白族口承文艺非遗信息资源元数据的添加、删除、修改、查询等功能；分类管理模块主要是对白族口承文艺非遗信息资源的分类体系进行管理，可以根据白族口承文艺非遗信息资源的状况对分类体系进行修改和调整；统计管理模块主要是对白族口承文艺非遗信息资源进行分类统计管理。

（一）资源管理功能

资源管理模块是白族口承文艺非遗信息资源专题数据库的核心模块，

主要功能是实现对元数据的添加、删除、修改、查询等操作功能，通过资源管理界面可以对信息资源进行编辑。界面左边是分类体系显示窗口，界面中信息资源的著录项包括题名、并列题名、类型、格式、分类号、rid（资源随机编号）、责任者、时间、主题、来源情况、资源描述、附件、保存地址、附件大小等。

信息资源可以在界面左边的分类体系窗口中分类浏览，也可以在界面右边的搜索栏中输入主题词搜索查询。添加信息资源操作需要先选定其所属类目，在类目下添加信息资源，并录入题名、并列题名、类型、格式、分类号、rid、责任者、时间、主题、来源情况、资源描述、附件、保存地址、附件大小等著录项。删除信息资源操作即选定要删除的信息资源删除即可。修改信息资源操作即选定要修改的信息资源进行编辑然后保存。

对于信息资源的著录而言，不同类型的信息资源的著录内容有所不同，著作、论文、报纸、文件类的信息资源大多都是正式出版物，元数据较为规范，在专题数据库中著录其元数据也较为简单，且很多资源在读秀、超星、中国知网等平台都能检索到详细内容，无须对其进行过多的资源描述。如图 5 - 1 所示是著作《大本曲览胜》的著录页面。如图 5 - 2 所示，是论文《白族吹吹腔新探》的著录页面。如图 5 - 3 所示，是报纸文章《让"白剧"传承后继有人》的著录页面。如图 5 - 4 所示，是中国人

图 5 - 1　《大本曲览胜》的著录页面

民政治协商会议云南省云龙县委员会文件云协专【2015】17 号《关于云龙县非物质文化遗产保护情况的调研报告》的著录页面。

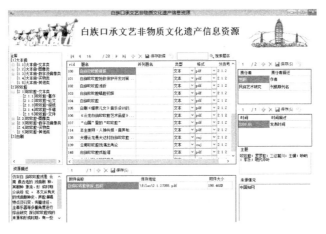

图 5 - 2　《白族吹吹腔新探》的著录页面

图 5 - 3　《让"白剧"传承后继有人》的著录页面

　　手稿、奖状证章、照片、音频、视频、网络资源、实物类信息资源多数并非正式出版物，没有规范的元数据标准，因此在著录这些信息资源时须对其信息内容有全面深入的了解，另外还需要信息资源所有者的帮助和配合，对其进行较详细的资源描述。手稿类信息资源中剧（曲）本占据很大比例，这些剧（曲）本多数都是由艺人抄录的，原创者是谁、形成时间、从何处抄录等已经无法考证，且很多剧（曲）本有一本多名的情况，

图 5 - 4 《关于云龙县非物质文化遗产保护情况的调研报告》的著录页面

在著录时应重点著录其题名、并列题名、责任者、时间、来源情况、资源描述，图 5 - 5 为大本曲曲本《秦香莲》的著录页面。奖状证章类信息资源的颁发单位、授予人、颁发时间等信息都较为明晰，著录其信息相对比较规范，如图 5 - 6 所示，为大本曲艺人李丽（又名李润凤）的省级非遗传承人荣誉证书的著录页面。照片类信息资源的信息内容较为复杂和丰富，尤其是一些老照片的拍摄时间、拍摄人、照片中人物、主题等内容较难完全考证，著录存在较大难度，需要在照片收集过程中深入了解相关信息内容，如图 5 - 7 所示，为 1984 年大理市海东区文艺代表队全体同志合影的著录页面。音频、视频类信息资源中有一部分是已经正式出版的音像

图 5 - 5 大本曲曲本《秦香莲》的著录页面

图 5 - 6　李丽（又名李润凤）的省级非遗传承人荣誉证书的著录页面

图 5 - 7　大理市海东区文艺代表队全体同志合影的著录页面

制品，一部分是笔者实地调研拍摄的，还有一部分是网络上检索和下载的，其形成时间、主题、责任者、来源比较确定，难点是如何对其信息内容进行全面描述，如图 5 - 8 所示，为 2014 年笔者录制的大本曲国家级传承人赵丕鼎表演视频的著录页面。网络资源中大多数都是图片、音频、视频等内容，在专题数据库中已经将其归入图片、音频、视频等类目，专题数据库中的网络资源主要包括与白族口承文艺非遗相关的网站、博客、微博、微信等网络资源，这些资源都有详细的网络地址、形成时间、版权者等内容，著录难点是对其内容的描述，如图 5 - 9 所示，是大理白族自治州白剧团微博的著录页面。实物类信息资源分布广泛、类型多样、内容丰富，收集和描述都存在较大困难，笔者收集到的实物类信息资源主要是实地调研中拍摄的照片、视频和网络调查中收集到的图片、视频等信息资源，如图5-10所示，是笔者2016拍摄的吹吹腔古戏服照片的著录页面。

图5-8　大本曲国家级传承人赵丕鼎表演视频的著录页面

图5-9　大理白族自治州白剧团微博的著录页面

在专题数据库资源管理界面中点击附件即可浏览信息资源的内容，数据库中实物类、图像类以及部分文本类信息资源都是以图片格式存储，视频类和文本类信息资源即以常见视频和文本格式存储，如图5-11所示，为吹吹腔传承人张杰兴撰写的《吹吹腔之缘》图片页面。如图5-12所示，为大达村古戏台古戏台页面。如图5-13所示，为论文《阿盖的呼唤与回响》的文本页面。如图5-14所示，为大本曲《赵五娘寻夫》视频页面。

图 5 - 10　吹吹腔古戏服照片的著录页面

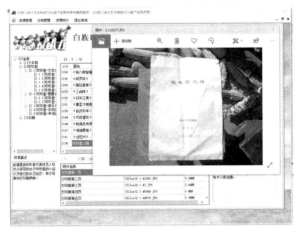

图 5 - 11　张杰兴撰写的《吹吹腔之缘》图片页面

图 5 - 12　大达村古戏台图片页面

图 5 – 13　论文《阿盖的呼唤与回响》文本页面

图 5 – 14　大本曲《赵五娘寻夫》视频页面

（二）分类管理功能

分类管理模块的主要功能是对白族口承文艺非遗信息资源的分类体系和类目进行管理，专题数据库中将信息资源分为三个大类，即大本曲、吹吹腔和白剧三个非遗项目，作为一级类目。三大类下面的子类基本一致，二级类目包括文本、图片、数字及音像资源、实物、其他。文本类二级类目又分为著作、论文、报纸、手稿、文件五个三级类目。图片类二级类目又分为奖状证章、照片两个三级类目。如图 5 – 15 所示，分类管理模块可以对分类体系中的各级类目进行添加、删除、修改、查询等操作，每个类目按照分类体系进行编码,在分类管理窗口中显示每一个类目的父类和子类编号,以直观显示分类体系的层级关系。

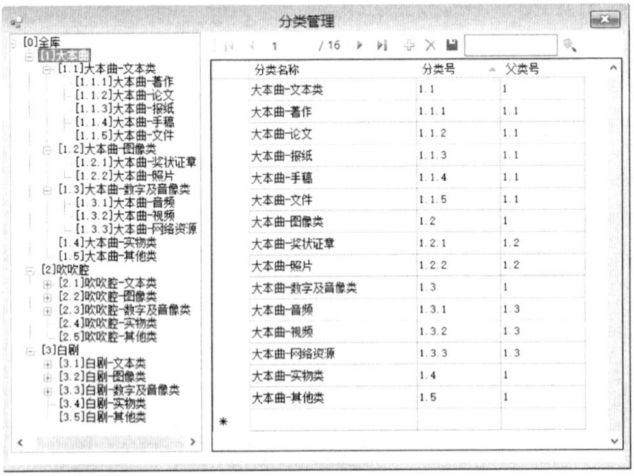

图 5 - 15 专题数据库的信息资源分类管理界面

添加类目操作须先选定其父类,在父类下点击添加类目,然后输入类目名称及其分类号和父类号,并进行保存。删除类目操作即选定要删除的类目进行删除即可。修改类目操作即在分类窗口中进行修改并保存。在分类管理中还可以按照类目名称查询类目,在查询文本框中输入检索词查询即可。

(三) 统计管理功能

统计管理模块的主要功能是对白族口承文艺非遗信息资源进行分类统计管理,可以根据需要随机选择要统计的类目,统计每一类信息资源的数量,可以统计任意的一级类目总的信息资源数量,也可以统计任意的二级类目或三级类目的信息资源数量。在资源分类统计界面左边分类体系窗口中勾选任意类目,右边统计窗口会自动显示信息资源统计信息。

结　论

　　非遗记载和传承一个国家和民族的历史文化，是人类文化"活的记忆"，是世界遗产的重要组成部分。在现代社会，如何保护和传承这些宝贵的非遗，成为我们必须面对的现实问题。理论研究和实践经验证明，信息资源建设是保护和抢救非遗的重要方式，也是传承非遗的基础。白族口承文艺非遗是白族人民的宝贵文化财富，经过数百年的发展演变，仍然深深扎根于白族人民生活之中，在白族人民精神生活领域中起着重要作用。通过文献调查和田野调查研究，笔者深刻体会到随着现代化和全球化进程的加快，白族口承文艺非遗受外来文化的冲击越来越大，尤其是在许多传承人年事已高，而年轻人中又少有人愿意继承的现实情况下。而且无论是群众基础还是表演市场的现实状况都不容乐观。总之，白族口承文艺非遗的发展和传承面临困境与危机，加强其保护与传承工作刻不容缓。本书从信息资源视角对白族口承文艺非遗的信息资源建设问题进行系统深入的研究。通过总结前人的研究成果，深入调查白族口承文艺非遗的现状，基于信息资源建设理论和研究方法，得出如下主要研究结论。

　　其一，梳理白族口承文艺非遗信息资源建设的总体思路。本书按照"目标—途径"理论的一般逻辑，提出白族口承文艺非遗信息资源建设的总体思路是以"非遗基本理论""信息资源建设理论"为理论基础，以"协同治理"为保障机制，以"信息资源共建共享平台"为主要抓手，围绕白族口承文艺非遗信息资源，科学、合理、高效、高质地完成信息资源采集、信息资源组织和信息资源开发利用等具体工作，进而更好地促进白族口承文艺非遗的保护和传承。

其二，提出构建白族口承文艺非遗信息资源协同保障机制。实地调研结果表明，非遗保护与传承工作由多元主体参与并各自为政，部分参与主体之间开展了一些零星的互动和合作活动，缺乏稳定的协同机制。本书基于跨域合作与治理的 ISGPO 模型提出了构建白族口承文艺非遗信息资源协同保障机制，从白族口承文艺非遗信息资源建设的现实状况和实际需求出发，从协同基础、协同行动者、协同平台、协同过程及协同结果等五个维度建立分析模型，分析协同开展白族口承文艺非遗信息资源建设的形成条件、影响因素等重要变量，通过系统的分析发现其协同治理的优势及存在的问题，进而探讨白族口承文艺非遗信息资源协同保障体系的实现路径。白族口承文艺非遗信息资源协同保障体系的构建措施包括健全协同参与的法规政策、统一信息资源建设的工作规范、搭建信息资源共建共享平台。

其三，提出搭建白族口承文艺非遗信息资源共建共享平台的构想。信息平台是白族口承文艺非遗信息资源协同保障机制的落脚点，也是共建共享活动的载体，共建共享平台的建设是一个系统工程，应当由政府牵头、各方社会力量协同参与，形成政府主导、社会协同参与的建设思路，共同搭建信息资源共享平台，共同参与建设非遗信息资源，共享非遗信息资源。平台建设的原则是：政府主导，统筹规划；社会参与，协同共建；规范一致，标准统一；资源整合，共享共知。平台的总体架构是"4+4"的逻辑框架模型，即四个层次、四个体系。四个层次包括基础设施层、数据资源层、应用层、用户服务层，四个体系包括标准规范体系、管理制度体系、组织领导体系、安全保障体系。四个层次是共建共享平台的核心系统架构，四个体系是平台运行和管理的保障体系，贯穿四个层次的每一个层次。平台的运行机制主要包括共建共享机制、评价激励机制、人才培训机制和技术保障机制等。

其四，探讨白族口承文艺非遗信息资源建设的业务方法。白族口承文艺非遗信息资源建设的总体思路和协同保障机制最终还是要落实到信息资源建设的具体业务工作中去。本书基于信息资源建设的基本理论，探讨了白族口承文艺非遗信息资源的采集、组织和开发利用等业务工作。并从白族口承文艺非遗信息资源数字化开发利用的思路出发，结合已采集到的信息资源的现实状况，构建白族口承文艺非遗信息资源分类体系，在 DC 元数据标准的基础上设计元数据标准，建设专题数据库实现白族口承文艺非遗信息资源的资源管理、分类管理和统计管理功能。

由于客观条件和笔者的实际研究水平所限，本书还存在一些不足之处。综合来看，主要体现在以下方面。

其一，实地调研还不够全面深入。白族口承文艺非遗扎根于民间，对其研究必须要进行大量的实地调研，获得文献中查不到、看不到的第一手资料。笔者多次到白族地区进行实地调研，走访了多家政府部门、档案馆、图书馆、博物馆、学术研究机构，深度访谈了多位知名传承人。但由于调研能力有限和客观条件所限，调研对象依然不够全面，尤其是对传承人的访谈，仅限于对能联系到的部分知名传承人进行深度访谈，并未能够开展全面的传承人调查。在今后的继续研究中，依然要开展深入的实地调查和传承人访谈。

其二，理论构想有待实践检验。非遗信息资源建设是个全新的现实问题，目前在实际工作中还没有系统开展。因此，本书提出的白族口承文艺非遗信息资源建设的总体思路、协同保障机制、共建共享平台都仅仅是理论上的分析和探索，能否在信息资源建设工作中得到实现还有待实践检验。

其三，专题数据库建设还有待完善。受采集到的信息资源的现实状况限制，白族口承文艺非遗信息资源分类体系和元数据标准的构建还不够完善。另外，由于信息资源收集还不够全面，数据库的资源还有待继续采集和充实。

参考文献

著作

陈祖芬：《妈祖信俗非物质文化遗产档案研究（理论篇）》，世界图书出版社，2015。

大理白族自治州文化局编《白剧志》，文化艺术出版社，1989。

大理白族自治州文化局编《白族大本曲音乐》，云南人民出版社，1986。

大理市文化局、大理市文化馆、大理市图书馆编《大本曲览胜》，云南民族出版社，2005。

大理市文联、文化局、文化馆编《白族大本曲音乐》，云南民族出版社，1986。

董秀团：《白族大本曲研究》，中国社会科学出版社，2011。

方允璋：《图书馆与非物质文化遗产》，北京图书馆出版社，2006。

冯慧玲、张辑哲：《档案学概论》，中国人民大学出版社，2006。

禾雨记译《大本曲音乐》，云南人民出版社，1958。

贾银忠主编《中国少数民族非物质文化遗产教程》，民族出版社，2008。

康保成主编《国非物质文化遗产发展报告（2012）》，社会科学文献出版社，2013，第130页。

李晴海：《杨汉与大本曲艺术》，云南艺术学院研究室印，1986。

李晴海主编《白族歌手杨汉与大本曲艺术——杨汉先生诞辰105周年纪念文集》，远方出版社，2000。

李欣：《数字化保护：非物质文化遗产保护的新路向》，科学出版社，2011。

马费成、赖茂生：《信息资源管理》，高等教育出版社，2014。

王文章：《非物质文化遗产保护研究》，文化艺术出版社，2009。

王文章主编《非物质文化遗产概论》（修订版），教育科学出版社，2013。

肖希明主编《信息资源建设》，武汉大学出版社，2008。

徐嘉瑞：《大理古代文化史稿》，中华书局，1978。

杨红：《非物质文化遗产数字化研究》，社会科学文献出版社，2014。

杨政业主编《大本曲简志》，云南民族出版社，2003。

张文勋主编《白族文学史》（修订版），云南人民出版社，1983。

郑巨欣、陈峰：《文化遗产保护的数字化展示与传播》，科学出版社，2011。

周耀林等：《非物质文化遗产档案管理理论与实践》，武汉大学出版社，2013。

期刊论文

阿将：《苍山洱海的红山茶——白剧〈红色三弦〉观后》，《戏剧报》1966年第3期。

包钢：《白族吹吹腔新探》，《民族艺术研究》2008年第1期。

卜卫：《试论内容分析方法》，《国际新闻界》1997年第4期。

蔡丰明：《上海非物质文化遗产的资源特点及其在文化产业发展中的作用（上）》，《创意设计源》2011年第1期。

蔡璐、熊拥军、刘灿姣：《基于本体和元数据的非遗资源知识组织体系构建》，《图书馆理论与实践》2016年第3期。

陈彬强：《闽台非物质文化遗产信息资源建设与共同保护研究》，《图书馆工作与研究》2013年第9期。

陈昱、陈宏光：《风花雪月话白剧——2004白剧调查》，《戏曲艺术》2004年第3期。

程秀峰、张小龙、翟姗姗：《虚拟现实技术在非遗信息资源展示中的应用调查研究》，《数字图书馆论坛》2019年第1期。

丁慧：《云南白剧"吹吹腔"与高腔、昆曲的渊源关系》，《云南艺术学院学报》2007年第1期。

丁慧：《云南白剧及其两大声腔初探》，《云南艺术学院学报》2003 年第 4 期。

丁慧：《云南白族大本曲的音乐特征》，《歌海》2009 年第 1 期。

董秀团：《白族大本曲的文化内涵及传承发展》，《云南民族大学学报》（哲学社会科学版）2012 年第 2 期。

董秀团：《白族大本曲生存机制试论》，《云南艺术学院学报》2004 年 1 期。

董秀团：《少数民族民间口承文艺资源的保护及发展——以白族大本曲为例》，《民族艺术研究》2005 年第 6 期。

董秀团：《学术史视界中的白族大本曲》，《思想战线》2004 年第 4 期。

董越：《白族大本曲南腔第一人杨汉和他的后代》，《大理文化》2005 年第 5 期。

段寿桃：《白族大本曲初探》，《西南民族学院学报》（哲学社会科学版）1990 年第 6 期。

冯永治：《大理白族自治州首届白剧艺术研讨会》，《民族艺术研究》1988 年第 4 期。

傅媛蕾：《论白族白剧音乐的形成和发展》，《云南师范大学学报》（哲学社会科学版）2006 年第 2 期。

郭思九：《路，从苍山脚下延伸——著名白剧演员叶新涛的艺术之路》，《民族艺术研究》1992 年第 5 期。

华林、王柳、梁思思：《论云南省少数民族传统手工艺非遗档案发掘利用问题》，《档案管理》2018 年第 3 期。

黄体杨、欧阳光：《非遗数字信息资源建设的起点：协同开展非遗传承人建档保护的分析模型》，《图书馆论坛》2018 年第 12 期。

黄体杨、王晋：《基于内容分析法的人物档案管理规范评述》，《档案学研究》2015 年第 4 期。

黄永亮、杨玉春：《建国以来大本曲艺术的新发展》，《云岭歌声》2000 年第 3 期。

黄永林：《非物质文化遗产传承人保护模式研究——以湖北宜昌民间故事讲述家孙家香、刘德培和刘德方为例》，《中国地质大学学报》（社会科学版）2013 年第 2 期。

黄永林、谈国新：《中国非物质文化遗产数字化保护与开发研究》，《华中师范大学学报》（人文社会科学版）2012 年第 2 期。

建华：《少数民族剧种向汉族剧种的学习借鉴——兼谈白剧剧种建设》，《民族艺术研究》1988 年第 1 期。

姜雷：《论基于方正德赛（DESI）系统的徐州非物质文化遗产特色数据库建设》，《新世纪图书馆》2011 年第 7 期。

金洪文、袁艺：《高校科技信息资源共享平台构建与运行保障机制研究》，《情报科学》2015 年第 5 期。

金霞：《馆藏档案信息资源共享机制建设初探》，《北京档案》2011 年第 1 期。

金重：《试论白剧的发展道路》，《民族艺术研究》1988 年第 5 期。

赖泽栋、杨建州：《非物质文化遗产保护与开发的行为主体创新研究——基于社会企业角度》，《学术论坛》2012 年第 4 期。

李波：《非物质文化遗产信息资源描述模型探析》，《四川理工学院学报》（社会科学版）2011 年第 3 期。

李波：《非物质文化遗产信息资源元数据模型研究》，《图书馆界》2011 年第 5 期。

李琳：《新时期建设刘三姐文化档案的思考》，《山西档案》2015 年第 1 期。

李琼芬：《试谈白剧的表演艺术及其发展》，《民族艺术研究》1988 年第 5 期。

李珊珊、周耀林、戴旸：《非物质文化遗产信息资源档案式管理的瓶颈与突破》，《信息资源管理学报》2011 第 3 期。

李锡恩：《白剧的新发展》，《中央民族学院学报》1984 年第 3 期。

李昕：《再论非物质文化遗产的基本特征》，《民族艺术研究》2008 年第 6 期。

李新：《大理非物质文化遗产声像信息化建设与利用》，《大理学院学报》2009 年第 7 期。

李雪萍：《白族吹吹腔抢救保护开发对策和措施》，《今日民族》2013 年第

8 期。

刘俊南：《浅谈非物质文化遗产特色数据库——神奇鄂伦春的建设》，《贵
　　图学刊》2012 年第 3 期。

陆薇：《隔海相望大本曲——记海东腔传承人杨振华》，《人与自然》2016
　　年第 5 期。

吕丽辉、马香媛：《非物质文化遗产信息资源档案式管理的协同机制研
　　究》，《社会科学战线》2014 年第 12 期。

马建强：《吹吹腔艺术的继承与发展断想》，《民族艺术研究》1988 年第
　　5 期。

钱永平、赵风云：《晋中非物质文化遗产“博物馆式”静态展示分析》，
　　《晋中学院学报》2017 年第 5 期。

秦思：《唇齿相依　水乳交融——吹吹腔及白剧的概念辨析与界定》，《民
　　族艺术研究》2018 年第 2 期。

孙聪：《关于白族吹吹腔保护现状的调查与研究——以云龙县为例》，《四
　　川戏剧》2016 年第 1 期。

孙聪：《论白族传统音乐在电影〈五朵金华〉中的应用》，《大理大学学
　　报》2016 年第 3 期。

田培杰：《协同治理概念考辨》，《上海大学学报》（社会科学版）2014 年
　　第 1 期。

奚劲梅：《大型原创白剧〈榆城圣母〉观后记》，《戏剧之家》2017 年第
　　1 期。

薛雁：《艺海无涯苦作舟——记白剧青年演员杨益琨》，《民族艺术研究》
　　1998 年第 5 期。

薛子言：《白剧剧目民族化的历史发展》，《民族艺术研究》，1988 年第
　　5 期。

薛子言、薛雁：《白族吹吹腔》，《中华艺术论丛》2009 年第 1 期。

杨彦菊：《论白剧音乐的特征及创新发展》，《民族音乐》2013 年第 6 期。

杨怡：《非物质文化遗产概念的缘起、现状及相关问题》，《文物世界》
　　2003 年第 2 期。

杨永忠：《谈白剧音乐的艺术风格》，《戏曲研究》1995 年第 1 期。

杨占祥、杨海胜：《洱海之滨的艺苑奇葩——白族大本曲艺术家李明璋》，《大理文化》2005 年第 5 期。

叶鹏、周耀林：《论我国非物质文化遗产档案元数据的创立思路与语意标准》，《忻州师范学院学报》2014 年第 2 期。

叶舒宪等：《非物质经济与非物质文化遗产》，《民族文化论坛》2005 年第 8 期。

尹懋铨：《白剧〈蝶泉儿女〉音乐设计的体会——谈吹吹腔音乐的继承与革新》，《民族艺术研究》1988 年第 5 期。

尹懋铨：《白剧音乐发展之我见》，《民族艺术研究》1988 年第 3 期。

俞可平：《中国公民社会：概念、分类与制度环境》，《中国社会科学》2006 年第 1 期。

翟姗姗、代沁泉、谭琳洁：《基于 SOLOMO 的非遗信息集成推送平台构建及应用研究》，《情报科学》2018 年第 10 期。

张辉：《白剧作曲家张绍奎访谈录》，《民族音乐》2008 年第 3 期。

张亮山：《白族吹吹腔浅析》，《民族音乐》2010 年第 6 期。

张绍奎：《略谈白剧中大本曲如何向戏曲声腔演变》，《民族艺术研究》1991 年第 2 期。

张涛：《从白剧〈望夫云〉谈张绍奎的音乐创作》，《民族音乐》2015 年第 5 期。

张锡禄：《为无产阶级文化大革命的新生事物大唱赞歌——评白剧〈苍山红梅〉》，《思想战线》1975 年第 4 期。

张永利、李新亮：《物质文化遗产保护利用与文化产业发展融合的思考——以河北承德为例》，《品牌》2015 年第 3 期。

赵芳、刘瑜澍：《赵丕鼎："大本曲是我的全部"》，《今日民族》2013 年第 12 期。

赵橹：《白族"大本曲"与佛教文化》，《民族文学研究》1992 年第 3 期。

赵全胜：《云龙白族吹吹腔戏的表现形式及特征》，《民族音乐》2011 年第 5 期。

赵晓丽：《"山国"里的"吹吹腔"》，《戏剧之家》2017 年第 8 期。

赵信鸿：《浅析白剧及其音乐的形成》，《民族音乐》2014 年第 4 期。

周国庆:《苍山一枝花——记白剧表演艺术家叶新涛》,《云岭歌声》1997
　　年第 1 期。

周耀林、李丛林:《我国非物质文化遗产资源长期保存标准体系建设》,
　　《信息资源管理报》2016 年第 1 期。

朱春奎、申剑敏:《地方政府跨域治理的 ISGPO 模型》,《南开学报》2015
　　年第 6 期。

朱伟:《非物质文化遗产与文化创意产业》,《文化遗产》2015 年第 4 期。

C. Ansell, G. Alison, "Collaborative Governance in Theory and Practice,"
　　Journal of Public Administration Research & Theory 4 (2008): 543 – 571.

Cristina Amescua, "Anthropology of Intangible Cultural Heritage and Migration:
　　An Uncharted Field," *Anthropological Perspectives on Intangible Cultural
　　Heritage Springer Briefs in Environment, Security, Development and Peace*,
　　6 (2013): 103 – 120.

Erika J. Techerar, "Ensuring the Viability of Cultural Heritage: The Role of In-
　　ternational Heritage Law for Pacific Island States," *Island Futures Global
　　Environmental Studies*, (2011).

J. M. Bryson, B. C. Crosby, M. M. Stone, "The Design and Implementation of
　　Cross-Sector Collaborations: Propositions from the Literature," *Public Ad-
　　ministration Review* 66 (2006): 44 – 55.

Maria Teresa Artese, "Isabella Gagliardi. Cataloging Intangible Cultural Herit-
　　age on the Web," *Progress in Cultural Heritage Preservation Lecture Notes
　　in Computer Science*, 7616 (2012): 676 – 683.

P. L. Schindler, C. C. Thomas, "The Structure of Interpersonal Trust in the
　　Workplace," *Psychological Reports* 2 (1993): 563 – 573.

Y. O. Park, E. S. Bae, "Creating Immersive Experiences in the Sokcho Muse-
　　um," *Advanced science letters*, (2017): 9886.

学位论文

陈少峰:《非物质文化遗产的动漫化传承与传播研究》,博士学位论文,山
　　东大学,2014。

胡骏：《语义网环境下非物质文化遗产本体设计及应用研究》，硕士学位论文，暨南大学，2016。

黄体杨：《白族非物质文化遗产传承人建档保护研究》，博士学位论文，云南大学，2016。

李建阁：《非遗网络信息资源评价系统可视化设计研究》，硕士学位论文，大连理工大学，2016。

刘斌：《基于 G/S 模式的非物质文化遗产异构数据可视化共享机制研究与实现》，博士学位论文，成都理工大学，2011。

缪莉：《非物质文化遗产的传承保护及开发利用问题探讨》，硕士学位论文，西北大学，2008。

欧阳正宇：《非物质文化遗产旅游开发研究：以莲花山"花儿"为例》，博士学位论文，兰州大学，2012。

施旖：《基于主题图的非物质文化遗产档案资源聚合研究》，硕士学位论文，华中师范大学，2017。

王文文：《体验视角下山东非物质文化遗产旅游开发研究》，硕士学位论文，山东师范大学，2011。

王小亚：《白族大本曲的传承与发展研究：从传播学视角》，硕士学位论文，云南大学，2011。

吴婷婷：《情报学视角下白族大本曲信息资源的开发与保护》，硕士学位论文，云南大学，2011。

习晓耀：《纳西族东巴口述文献的采集、整理与保护研究》，硕士学位论文，云南大学，2013。

姚又僮：《云南吹吹腔戏演出考论》，硕士学位论文，上海戏剧学院，2012。

叶鹏：《基于文化与科技融合的我国非物质文化遗产保护机制及实现研究》，博士学位论文，武汉大学，2014。

余日季：《基于 AR 技术的非物质文化遗产数字化开发研究》，博士学位论文，武汉大学，2014。

张青青：《基于信息资源管理的新农村建设中非物质文化遗产保护的研究》，硕士学位论文，华中师范大学，2014。

赵砚秋：《白族大本曲进入中学音乐教育的可行性研究——以大理州永平

县一中为例》，硕士学位论文，云南师范大学，2016。

子志月：《云南少数民族口述档案开发利用研究》，博士学位论文，云南大学，2013。

网络资源

《大本曲》，百度百科，https：//baike. baidu. com/item/% E5% A4% A7% E6% 9C% AC% E6%9B% B2/6048771？ fr = aladdin，2019 年 8 月 16 日。

大理日报指尖大理：《白剧〈数西调〉首演成功》，搜狐网，http：//www. sohu. com/a/162411715_99955861，2019 年 5 月 21 日。

《大理州非遗博物馆开馆》，云南省文化和旅游厅官网，http：//www. yn-ta. gov. cn/Item/29063. aspx，2019 年 8 月 10 日。

格梅江：《白剧新作〈榆城圣母〉在昆明隆重上演》，新浪博客，http：// blog. sina. com. cn/s/blog_d37169920102w6i6. html，2019 年 10 月 8 日。

观远：《吹吹腔世家·五代同》，新浪博客，http：//blog. sina. com. cn/s/blog_ 5edca6f40102 uy72. html，2019 年 5 月 29 日。

《国家级非物质文化遗产代表性传承人抢救性记录工作规范（试行稿)》，中国非物质文化遗产网·中国非物质文化遗产数字博物馆网站，http：//www. ihchina. cn/ newResources/fyweb/id/d/20150522001/64ce3bdb69ae4b61b3df9- 5ee1d44397d. doc，2019 年 7 月 26 日。

罗春明：《大型新编传奇历史白剧〈榆城圣母〉》，新华网 – 云南，http：// yn. xinhuanet. com/topic/2016 – 01/05/c_134980389_3. htm，2019 年 5 月 13 日。

《2016 年中国影视产业市场规模预测及未来发展前景分析》，中国信息产业网，http：//www. chyxx. com/industry/ 201610/455159. html，2019 年 8 月 13 日。

施志镒：《探访云南十二年》，中央新影集团官网，http：//www. cndfilm. com/ special/jlysh/20130814/103323. shtm，2019 年 8 月 15 日。

《双 11，大理州非物质文化遗产博物馆将正式开馆，并免费开放》，来大理网，http：//www. comedali. com/ tnew/show/id/2652，2019 年 8 月 10 日。

《云南 56 人入选第五批国家级非遗传承人，看看有你认识的吗?》，云南非物质文化遗产保护网，http://www.ynich.cn/view－11510－3787.html，2018 年 5 月 28 日。

《张杰兴：一辈子就爱吹吹腔》，汉丰网，http://www.kaixian.tv/gd/2017/0406/119608.html，2019 年 5 月 24 日。

邹娟：《杭州要建一个类似横店的影视基地 打造非遗影视文化产业》，搜铺网，http://www.soupu.com/news/665736，2019 年 8 月 13。

Patrimoine Numérique：http://www.numerique.culture.fr/pub-fr/，2019 年 2 月 13 日。

法律与政策文件

《保护非物质文化遗产公约》，《中华人民共和国全国人民代表大会常务委员会公报》2006 年第 2 期。

《国家级非物质文化遗产保护与管理暂行办法》，《中华人民共和国国务院公报》2007 年第 27 期。

《国家级非物质文化遗产项目代表性传承人认定与管理暂行办法》，《中华人民共和国国务院公报》2008 年第 33 期。

《国务院办公厅关于加强我国非物质文化遗产保护工作的意见》，中国政府网，http://www.gov.cn/zwgk/2005－08/15/content_21681.htm，2019 年 5 月 22 日。

《国务院办公厅关于转发文化部等部门中国传统工艺振兴计划的通知》，《中华人民共和国国务院公报》2017 年第 11 期。

《国务院办公厅印发关于支持戏曲传承发展若干政策的通知》，《中华人民共和国国务院公报》2015 年第 22 期。

《国务院办公厅转发文化部等部门关于推动文化文物单位文化创意产品开发若干意见的通知》，中国政府网，http://www.gov.cn/zhengce/content/2016－05/16/content_5073722.htm。

《国务院关于加强文化遗产保护的通知》，《中华人民共和国国务院公报》2006 年第 5 期。

《商务部文化部文件〈关于加强老字号非物质文化遗产保护工作的通知〉》，

中国商务部官网，http://www.mofcom.gov.cn/article/h/redht/200702/
20070204390535.shtml，2019 年 5 月 22 日。

《文化部办公厅关于开展非物质文化遗产普查工作的通知》，甘肃民族师范
学院官网，http://fwzwh.gnun.edu.cn/info/1380/2652.htm，2019 年 5
月 22 日。

《文化部办公厅关于印发〈"中国民间文化艺术之乡"命名和管理办法〉的通
知》，http://zwgk.mct.gov.cn/auto255/201803/t20180316_831506.html？key-
words =，2019 年 5 月 22 日。

《文化部关于加强非物质文化遗产生产性保护的指导意见》，《中国文化报》
2012 年 2 月 27 日，第 1 版。

《文化部关于开展国家级非物质文化遗产代表性传承人抢救性记录工作的通
知》，中国非物质文化遗产网·中国非物质文化遗产数字博物馆网站，
http://www.ihchina.cn/show/feiyiweb/html/com.tjopen.define.pojo.feiyi-
wangzhan.GongGaoLan.detail.html？id = b53bdfca − 7449 − 4f7e − 8adb − d-
55385278ad0&classPath = com.tjopen.define.pojo.feiyiweb.gonggaolan.Gon-
gGaoLan，2019 年 8 月 8 日。

《中共中央办公厅 国务院办公厅印发〈关于实施中华优秀传统文化传承
发展工程的意见〉》，《中华人民共和国国务院公报》2017 年第 6 期。

《中华人民共和国非物质文化遗产法》，《中华人民共和国全国人民代表大
会常务委员会公报》2011 年第 2 期。

其他

《"大理州白剧团"名称恢复使用》，《大理日报》2016 年 6 月 9 日，第
A1 版。

云南省大理白族自治州白剧团：《云南省大理白族自治州白剧团成立三十
周年纪念》，1992。

张绍兴：《云龙县白族吹吹腔戏调查》，中国民间文化艺术之乡建设与发展
初探会议论文，北京，2010。

州艺：《白剧〈苍山红梅〉》，《大理日报（汉）》2006 年 4 月 13 日，第
A03 版。

州艺:《大型历史白剧〈苍山会盟〉》,《大理日报（汉）》2006 年 4 月 27
日，第 A03 版。

K. Kojima et al. , "Multi-Site Linked MOCAP Streaming System for Digital Ar-
chive of Intangible Cultural Heritage," *International Conference on Culture
and Computing*, Kyoto, Japan, September, 2017.

W. Wang, K. Hong, "Build Communication Protection Platform of Intangible Cultur-
al Heritage Expand Channel of Open Access to Shared Information Resources,"
*The 5th International Conference on Cooperation and Promotion of Information
Resources in Science and Technology*, Beijing, November, 2010.

后 记

本书是国家社科基金青年项目"白族口承文艺非物质文化遗产调查及专题数据库建设"（立项号：12CTQ018，结项号：20191001）结项成果。全书框架和内容板块由王晋设计。本书第一章由王晋、舒宝淇、龚稳稳撰写，第二章由王晋、舒宝淇撰写，第三章、第四章由王晋、黄体杨撰写，第五章由王晋、舒宝淇、侯明昌撰写，白族口承文艺非遗信息资源专题数据库由侯明昌设计。

本书形成过程中张昌山教授、郑文教授、华林教授、陈子丹教授、马自坤教授、段丽波教授、周铭副教授、王水乔研究馆员、黄燕玲研究员、李国文教授、龙江莉教授都提出了宝贵意见。

感谢在实地调研和资料收集中提供了帮助的朋友：赵建军同学、杜钊同学、余务清先生、余光岚同学、董甜甜同学。感谢为调研提供便利和帮助的非遗传承人：赵丕鼎先生、赵冬梅女士、李丽女士一家、张亚辉先生、戴四达先生父子、张杰兴先生、陈红权先生等。他们详细地介绍了大本曲、吹吹腔、白剧的相关情况，并毫无保留地展示了手中掌握的相关文献资料。

感谢为实地调研提供帮助的相关单位和负责人，主要有云南省旅游与文化厅非物质文化遗产处、云南省非物质文化遗产保护中心、昆明市非物质文化遗产保护中心、云南省档案局、大理白族自治州文化和旅游局、大理白族自治州档案局、大理市档案局、大理白族自治州图书馆、大理白族自治州白族文化研究所、大理大学图书馆、大理白族自治州白剧团、大理市非物质文化遗产博物馆、云龙县文化和旅游局、云龙县文化馆、云龙县政协等部门。

尽管我们取得了一些研究成果，但由于能力有限，加之研究内容涉及面较广，错漏之处，敬请专家学者以及实践工作者不吝指教。

王 晋

图书在版编目（CIP）数据

白族口承文艺非遗信息资源建设研究／王晋等著

. -- 北京：社会科学文献出版社，2020.8

ISBN 978 - 7 - 5201 - 7096 - 3

Ⅰ.①白…　Ⅱ.①王…　Ⅲ.①白族 - 非物质文化遗产
- 信息资源 - 资源建设 - 研究 - 中国　Ⅳ.①K285.2

中国版本图书馆 CIP 数据核字（2020）第 147504 号

白族口承文艺非遗信息资源建设研究

著　　者／王　晋　黄体杨　舒宝淇 等

出 版 人／谢寿光
责任编辑／李建廷

出　　版／社会科学文献出版社　（010）59367215
　　　　　地址：北京市北三环中路甲 29 号院华龙大厦　邮编：100029
　　　　　网址：www.ssap.com.cn
发　　行／市场营销中心（010）59367081　59367083
印　　装／三河市尚艺印装有限公司

规　　格／开　本：787mm × 1092mm　1/16
　　　　　印　张：12.75　字　数：201 千字
版　　次／2020 年 8 月第 1 版　2020 年 8 月第 1 次印刷
书　　号／ISBN 978 - 7 - 5201 - 7096 - 3
定　　价／98.00 元

本书如有印装质量问题，请与读者服务中心（010 - 59367028）联系